# Gaudí

# Gaudí

## La arquitectura del espíritu

Juan Bassegoda Nonell

SALVAT

Las ilustraciones cuya fuente no se indica proceden de la Cátedra Gaudí
de la Escuela Técnica Superior de Arquitectura de Barcelona
o del Archivo Salvat

Selección gráfica: Lucía García
Diseño de cubierta: Estudi Jordi Royo



ISBN: 84-345-0859-1
Depósito legal: NA-1817-2001

Impreso por: RODESA
Impreso en España – *Printed in Spain*

# Índice


Nota a la presente edición . . . . . . . . . . . . . . . . . . . . 7

Prólogo . . . . . . . . . . . . . . . . . . . . . . . . . . . . . . 9

1. El Camp de Tarragona . . . . . . . . . . . . . . . . . . . . 17

2. En la Escuela Provincial de Arquitectura . . . . . . . . . 31

3. Las primeras obras . . . . . . . . . . . . . . . . . . . . . . 49

4. Un arquitecto consagrado . . . . . . . . . . . . . . . . . . 59

5. Grandes proyectos y profundas desilusiones . . . . . . 91

6. El Parque Güell . . . . . . . . . . . . . . . . . . . . . . . . 119

7. Años de intensa actividad . . . . . . . . . . . . . . . . . . 137

8. Los últimos momentos . . . . . . . . . . . . . . . . . . . . 173

9. El templo expiatorio de la Sagrada Familia . . . . . . . 191

Cronología . . . . . . . . . . . . . . . . . . . . . . . . . . . . . 223

Testimonios . . . . . . . . . . . . . . . . . . . . . . . . . . . . 231

Bibliografía . . . . . . . . . . . . . . . . . . . . . . . . . . . . 237

▲ Antonio Gaudí en la procesión del Corpus Christi el 16 de junio de 1924, cuando contaba setenta y dos años de edad.

# Nota a la presente edición

El 10 de junio de 2001 se cumplen 75 años de la muerte de Gaudí en el antiguo Hospital de la Santa Cruz de Barcelona.

El 25 de junio de 2002 se cumplirán 150 de su venida al mundo y de su bautizo en San Pedro de Reus al día siguiente.

En 1952 en ocasión del centenario de su nacimiento, se fundó la Asociación de Amigos de Gaudí y se presentó la gran exposición que hizo conocer al mundo la obra de Gaudí. En 1956 se creó la Cátedra Gaudí.

También en 1952 J. F. Ràfols vio reeditado su libro de 1929 al que añadió un interesante capítulo titulado «Gaudí en 1952». En 1954 Bergós publicó su libro *Gaudí, l'home i l'obra.*

En ocasión del 50 aniversario de su muerte, en 1976, el Ministerio de Asuntos Exteriores organizó una exposición que dio la vuelta al mundo. Luego la avasalladora fuerza de la arquitectura gaudiniana ha seguido creciendo de tal forma que en 1969 fueron declaradas monumento nacional sus obras, tres de las cuales en 1984 fueron inscritas en la lista del Patrimonio Mundial de la UNESCO. Libros, monografías y tesis doctorales sobre su figura y su obra se han publicado en todos los idiomas cultos y las visitas a Barcelona de los estudiosos, arquitectos o simples curiosos llenan constantemente la Sagrada Familia, el Park Güell o la Cátedra Gaudí.

La profundización en los estudios, la búsqueda en archivos y el interés de cada vez mayor número de estudiosos han incorporado nuevos conocimientos sobre el arquitecto y su obra a pesar de la dificultad que supuso la destrucción de su archivo en julio de 1936 y el poco interés de Gaudí en explicar el sentido de sus trabajos. Se preocupó de construir y dirigir sus obras minuciosamente, con interés permanente y precisión absoluta, pero le importó muy poco que los demás conocieran sus principios, razones o símbolos. No quiso ir a París en 1910 cuando don Eusebio Güell presentó una magna exposición Gaudí en el Grand Palais.

Estas investigaciones han permitido localizar obras y proyectos suyos que habían pasado desapercibidos a los estudiosos y facetas de su carácter conocidas a través de sus contemporáneos o publicaciones de su tiempo.

A lo largo del bienio 2001-2002 se publicaron muchos libros, artículos y monografías. Se prepara una grandiosa exposición en la Pedrera y se tienen previstas conferencias, cursos y seminarios en todas las Universidades y entidades culturales catalanas y españolas.

Además se sigue trabajando intensamente en el iniciado proceso de beatificación de Gaudí en base a los testimonios escritos y hablados que demuestran su acendrado catolicismo y el sentido moral y espiritual de la arquitectura que creó.

Se seguirá hablando y escribiendo sobre Gaudí, pero, sobre todo, se reafirmará la creencia en la fuerte personalidad de este hombre que pasó por la vida dejando constancia de una sencilla, contundente y casi milagrosa manera de entender el arte, aspecto que lo sitúa en la cumbre de la montaña arquitectónica situada a caballo entre los siglos XIX y XX.

Es de esperar que su lección arquitectónica de buscar la inspiración en las admirables formas de la naturaleza cale hondo en las nuevas generaciones de arquitectos, y que su sentido moral y cristiano de la vida sea ejemplo para todos los hombres de buena voluntad.

Juan Bassegoda, Barcelona 2001

# Prólogo

## Gaudí: La espiritualidad de un arte basado en la naturaleza

*Una biografía del arquitecto Antonio Gaudí Cornet no es tarea nada sencilla. José Francisco Ràfols Fontanals (1889-1965) publicó la primera en 1929; Juan Bergós Massó (1890-1974) y César Martinell Brunet (1888-1973) hicieron lo mismo años más tarde, en 1953 y 1967. Los tres fueron arquitectos y tuvieron ocasión de conocer y tratar a Gaudí, al menos en la última etapa de su vida. Eduardo Toda Güell (1850-1941) fue compañero de infancia de Gaudí y en diversos artículos algo explicó de la juventud del maestro. Luego, un sinfín de autores han publicado libros, monografías y artículos sobre la vida y la obra de Gaudí, tanto en España como fuera de ella.*

*Los tres primeros autores citados compusieron sus libros de modo muy diverso. El de Ràfols no se halla dividido en capítulos y entremezcla noticias biográficas con descripciones de edificios y comentarios críticos. Tiene el inestimable valor de publicar fotografías de muchos dibujos del archivo de Gaudí, que luego fue, en mala hora, totalmente arrasado.*

*Bergós hilvanó su libro en base a diversas conferencias y artículos publicados previamente y consiguió un volumen interesante, especialmente a causa de las frases del maestro que recogió tras largos paseos y entrevistas con él y que intercala muy sabiamente en el texto.*

*Martinell, que previamente había dado a conocer un buen número de frases gaudinianas recogidas en el curso de las visitas al templo de la Sagrada Familia, publicó su libro con el título de* Gaudí, su vida, su teoría, su obra, *bien diferenciado en sus tres partes. La primera sería la más interesante desde el punto de vista de una nueva biografía, y, efectivamente, lo es por la gran cantidad de datos que aporta.*

*El tiempo, sin embargo, ha permitido aquilatar y comprobar muchas de las afirmaciones contenidas en tal biografía, y actualmente se está en condiciones de saber que caben algunas rectificaciones que en nada empequeñecen el texto de Martinell.*

*Con todo, la documentación para una pura biografía, es decir, descripción de la vida de un hombre, es muy escasa e incompleta. Gaudí no fue amigo de escribir, y mucho menos de escribir sobre sí mismo. Sólo publicó un artículo periodístico en toda su vida, y fue reservado en lo que a su intimidad se refiere.*

*Otro autor, Juan Matamala Flotats (1894-1977), dejó escrito un voluminoso texto titulado* Antonio Gaudí, mi itinerario con el arquitecto *(1960), del que se publicó un texto resumido en 1999, siendo propiedad de la Cátedra Gaudí de la Universidad Politécnica de Cataluña. Dentro del farragoso estilo del autor, que era escultor pero no escritor, hay datos preciosos aportados por el hijo de uno de los mejores colaboradores de Gaudí, monaguillo de la Sagrada Familia, meritorio en las oficinas y escultor de varias piezas de bulto redondo en la fachada del Nacimiento; en dicha obra se hallan incluidas sabrosas anécdotas y una descripción muy gráfica de lo que era el obrador de la Sagrada Familia entre 1910 y 1926. Si Gaudí nunca se sinceró plenamente con los arquitectos citados en primer lugar, menos lo hizo con el hijo de un escultor del templo; por tanto, la aportación de Matamala, siendo muy valiosa, no permite llegar al fondo de la humanidad de Gaudí.*

*El autor de este libro nació cuatro años después de la muerte de Gaudí, por lo cual todas las referencias que puede aportar vienen de terceras personas. Ha tenido, sin embargo, desde 1966, en que fue elegido presidente de Amigos de Gaudí, y desde 1968, en que ganó por oposición la Cátedra Gaudí de la Escuela Técnica Superior de Arquitectura, la oportunidad de acumular en su archivo infinidad de documentos, li-*

*bros, textos, cintas grabadas y demás elementos que permiten juzgar a Gaudí a través de los textos y de la memoria de quienes lo trataron.*

*Sería vanidad decir que con la presente biografía se resuelven los problemas y los misterios en torno a la humanidad de Gaudí.*

*Se ha intentado, eso sí, estudiar la figura del maestro con el máximo rigor histórico, comprobando las citas que tienen comprobación, deshaciendo falsas interpretaciones, determinando las fechas con la máxima precisión y formulando las opiniones más plausibles en cada caso a la vista de los datos comprobables.*

*Esta labor intencionadamente crítica y nunca partidista ha sido la que se ha realizado con el intento de exponer los hechos al general conocimiento, para que cada estudioso pueda extraer sus propias consecuencias.*

*Gaudí nació en 1852, pasó su infancia en Reus y se trasladó a Barcelona en 1869 para estudiar la carrera de arquitecto, permaneciendo en esta ciudad hasta su muerte, en 1926.*

*Su vocación fue la arquitectura entendida como arte integral; no hizo otra cosa en su vida. Pudo estudiar a fondo la naturaleza debido a su carácter observador y a una enfermedad reumática que de niño lo alejó de los habituales juegos de sus compañeros.*

*Tuvo la gran habilidad de saber ver a su alrededor toda la maravilla de la creación. Entendió como nadie el valor de la luz, del color y del brillo. Amó los sonidos, percibió los olores y, en fin, dejó en perpetua receptividad sus cinco sentidos para mejor conocer y amar, con un sentimiento claramente franciscano, las maravillas de la creación.*

*Estas espléndidas lecciones de arte, arquitectura y técnica que la botánica, la geología o la zoología le ofrecían fueron la base de su pensamiento de artista creador.*

*Llegó pronto a la conclusión de que nadie mejor que la propia naturaleza es capaz de crear formas lógicas, bellas y resistentes.*

*Le correspondió vivir tiempos revueltos. Cuando nació reinaba Isabel II, cuando llegó a Barcelona estaba en pleno hervor la revolución que destronó a dicha reina; pudo observar la conducta de su paisano el general don Juan Prim i Prats, la guerra carlista, el corto reinado de Amadeo I, la I República, la Restauración y gran parte del reinado de Alfonso XIII.*

*Al mismo tiempo que muchas convulsiones sociales e industriales sucedían en España, Gaudí asistió al renacimiento comercial y cultural de Cataluña, al crecimiento de la burguesía emprendedora, al despertar del obrerismo y a la evolución de la Iglesia católica para hacer frente a las nuevas necesidades.*

*Su formación como arquitecto fue esencialmente distinta de la de sus compañeros de promoción. Trabajó para otros arquitectos para ganarse la vida, concurrió al taller de un hábil artesano y desarrolló una carrera dentro de la Escuela de Arquitectura con altibajos en las calificaciones, pero instruyéndose constantemente en la biblioteca del centro.*

*Participó en el naciente movimiento excursionista catalán, que pretendía un mayor amor a la tierra por el mejor conocimiento de la misma. Se reunió en el Ateneo Barcelonés, entonces situado en el Teatro Principal de la Rambla, con eruditos y escritores. Muy pronto se relacionó con la familia Comillas-Güell, que le abrió las puertas a las obras de envergadura. Su relación con su colega Juan Martorell fue determinante, ya que no solamente fue su valedor ante Güell, sino ante Bocabella, que le encargó la continuación de las obras de la Sagrada Familia, que fue su obra principal y a la que dedicó mayor número de horas de trabajo a lo largo de toda la vida.*

*De ser un joven desconocido llegado de Reus a Barcelona pasó Gaudí a convertirse en un arquitecto de enorme prestigio. Puede decirse que de entre todos los profesionales de Barcelona sólo Luis Domènech i Montaner, asociado con José Vilaseca Casanovas, pudo competir con él. Sin embargo, Gaudí no emprendió ninguna clase de lucha en busca del cliente tratando de arrebatárselo a otros colegas. Uno tras otro, los grandes industriales catalanes se acercaron a él para encargarle obras. Después de las obras de Güell, en su finca de Les Corts de Sarrià, del palacio de la calle Conde del Asalto, tuvo ocasión de recibir el encargo de monseñor Grau, obispo de Astorga, que a su vez le llevó al proyecto de la casa de los Botines, en León.*

*Otro religioso ejemplar, el padre Ossó, le confió el colegio y casa generalicia de las teresianas, en la calle de Ganduxer, en tanto que iba desarrollando el vasto proyecto de la Sagrada Familia.*

*Se suceden luego los Figueras, para los que hizo la admirable casa de Bellesguard; los Calvet, con la casa de la calle de Caspe, que le valió el premio del Ayuntamiento al mejor edificio del año 1900.*

*A principios de siglo, su actividad de arquitecto se multiplicó. No pudo ver realizado el proyecto de las Misiones Católicas de África, en Tánger, que le encargó el segundo marqués de Comillas y diseñó en 1892-1893, pero construyó, con su ayudante Berenguer, las bodegas de Güell, en la costa de Garraf, terminadas en 1897.*

*Desde 1903 trabajó en el complejo caso de la restauración litúrgica de la catedral de Mallorca, impulsada por el obispo Pedro Campins Barceló. Y mientras se ocupaba de ello realizó sucesivamente las dos grandes obras del paseo de Gracia, las casas Batlló y Milà.*

*Ante el asombro de los barceloneses, transformó la casa de don José Batlló Casanovas en un poema de mosaico de cristales rotos, cerámicas multicolores y piedra de Montjuïc cortada con formas óseas. Unas manzanas más arriba, el inmenso peñascal de la Casa Milà fue coronado con un juego inverosímil de chimeneas y salidas de escalera, componiendo un mundo de formas que nada tiene que ver con la arquitectura pasada ni con nada de lo que después de ello se ha hecho.*

*Mientras se ocupaba de Mallorca, la Sagrada Familia y la Casa Milà, vio colocar la primera piedra de la iglesia de la Colonia Güell, de Santa Coloma de Cervelló, edificio del que solamente pudo construir la cripta, una de las obras maestras de toda la historia de la arquitectura.*

*A partir de 1910 su salud decayó visiblemente y tuvo que pasar temporadas de descanso en Vic y luego en Puigcerdà, víctima de las fiebres de Malta. En junio de 1911 se sintió en trance de muerte, y en Puigcerdà otorgó testamento. Con todo, su imaginación creadora no decaía. Se ha dicho, con razón, que los cansados hacen la tarea; Gaudí, de cuerpo menudo y débil, enfermizo, fue capaz de imaginar una transformación de la ciudad de Vic en homenaje a Jaime Balmes en su centenario, a pesar de que a dicha ciudad había ido para hacer el más absoluto de los reposos. En 1911 diseñó la fachada de la Pasión de la Sagrada Familia; en los cinco años siguientes compuso el simbolismo litúrgico del templo, teniendo tiempo incluso de asistir a un curso de canto gregoriano y de estudiar los sistemas de campanas tubulares, así como la plástica de la luz y el sonido en el interior del templo.*

*Cuando un desgraciado accidente le llevó al hospital donde falleció, después de una agonía de tres días, el 10 de junio de 1926, se hallaba enfrascado en el perfeccionamiento de las formas estructurales y decorativas de la Sagrada Familia, fabricando con sus propias manos unas lámparas votivas para la cripta.*

*Su entierro fue, a pesar de sus expresos deseos testamentarios, una conmemoración ciudadana, y su cuerpo fue llevado a la cripta del templo que tanto amó para su descanso eterno.*

*Después de su muerte, la arquitectura que creó fue víctima de la moda racionalista y olvidada, cuando no menospreciada. La guerra de España y luego la mundial cambiaron la faz del mundo, y no fue hasta 1952, con motivo del centenario del nacimiento de Gaudí, cuando críticos y arquitectos pusieron de nuevo su mirada en una arquitectura que les inquietaba y sorprendía. Aquello pudo ser un renacer efímero como tantos* revivals *que se dan en la historia de la arquitectura, pero no fue así.*

*Cuando a partir de los textos citados al principio de este prólogo los investigadores nacionales y extranjeros volvieron a estudiar a Gaudí, se dieron cuenta de la intemporalidad de su arquitectura basada en principios naturalistas expresados por medio de la geometría reglada, que es lenguaje nuevo en la construcción. Gaudí, además, representó la arquitectura total, pues en su manera de ser no hay distinción entre estructura y decoración; en sus edificios ambas se formaron simultáneamente, sin que se pueda saber dónde empieza una y termina otra. Arquitectura que no incorpora la escultura y la pintura, porque escultura y pintura nacen al mismo tiempo que aquélla.*

*La figura de Gaudí se perfila ahora como un fenómeno aislado y desconcertante en el tradicional baile de los estilos y los movimientos. Se ha dicho que Gaudí no participó en el movimiento moderno, lo cual es cierto, por la sencilla razón de que el movimiento no es antiguo ni moderno, es dinamismo, progreso y continuidad.*

*La tesis gaudiniana, el sustrato de su quehacer, el resumen de su obra, se podrían expresar diciendo que nada es arte si no procede de la naturaleza de donde vienen las más extraordinarias, hermosas y bien concebidas formas. Que para convertir en edificios las formas, estructuras y colores que la naturaleza proporciona es muy adecuado el uso de la geometría reglada, es decir, de superficies alabeadas compuestas de líneas rectas, ya que la propia naturaleza ha usado tal geometría en la composición de la forma de una montaña o en los huesos de los animales.*

*La observación no intelectualizada de la naturaleza es fuente de la mejor inspiración, pero siempre teniendo en cuenta que la naturaleza es obra del Creador, y que sin la espiritualidad la arquitectura no pasa de ser una técnica adornada a veces con retóricas seudofilosóficas.*

*Si a todo esto se une una dedicación exclusiva y total al oficio, puede que surja alguna figura de la talla de Gaudí, personaje hoy de leyenda, catalán universal, pero, ante todo, arquitecto y por tanto jefe de obreros con los que recrear con la imaginación humana las formas que desde el principio del mundo componen este planeta.*

# 1. El Camp de Tarragona

Aun cuando Gaudí vivió en Barcelona desde 1869 hasta su muerte, en 1926, visitó con alguna frecuencia su comarca natal, el Camp de Tarragona, cuyas formas y colores fueron factores determinantes para la concreción de su recia personalidad.

Este lugar de Cataluña es pedregoso y seco, pero abundan allí los almendros, los avellanos, los algarrobos, los olivos y los sarmientos. La luz es particularmente intensa y brillante. Gaudí dijo repetidas veces que esta luz tan pura, la misma que alumbra el Lacio, la Campania o las islas griegas, es la auténtica generadora del arte por excelencia, el arte del Mediterráneo.

En una de las frases recogidas por el arquitecto Juan Bergós Massó, Gaudí expresó su admiración por la humilde retama de su tierra natal, diciendo que resulta casi imposible describirla a quien no la ha visto. Cómo se puede explicar una planta que tiene tallos, pero no ramas, de color verde intenso, que sostienen flores amarillas de tonalidad del oro purísimo y expanden un perfume que se percibe a kilómetros de distancia. César Martinell Brunet, arquitecto y biógrafo de Gaudí, refirió la opinión de éste acerca de los habitantes de la cuenca del Mediterráneo que sienten la belleza con mayor intensidad que los nórdicos. Los del norte aman más la riqueza que consiguen con el esfuerzo de su pensamiento puesto al servicio de la industria. En sus museos atesoran obras de arte por las que pagaron cifras enormes, mil veces superiores a las que les fueron pagadas a los artistas autores de las mismas, que las más de las veces vivieron en la miseria. Estos autores eran casi todos mediterráneos, egipcios, griegos o españoles. Los nórdicos admiran el valor de la obra de arte, pero los del Mediterráneo tienen una más clara visión plástica, que vale más que la riqueza.

La comprensión de la obra y de la personalidad de Gaudí pasa forzosamente por el mar Mediterráneo, por el Camp de Tarragona, luminoso y transparente, aunque a veces afectado por tempestades o turbiones de breve duración, pero de gran intensidad, que tienen su reflejo anímico en el carácter de las gentes de la comarca. En catalán se dice «gent del Camp, gent del llamp» (gente del Camp, gente del rayo) porque pueden estallar en súbitos arrebatos de ira que, de todos modos, muy pronto se calman.

De este contraste entre la apacible y clara belleza y la tormenta repentina surgió la manera de ser de Gaudí, que siempre se enorgulleció de su mediterranismo. Cuando el poeta José Carner Puig-Oriol (1884-1970) le dijo a Gaudí en Mallorca que por tener los ojos azules no daba el tipo mediterráneo, el arquitecto le espetó inmediatamente que Palas Atenea tenía los ojos verdes esmeralda y era la diosa de la inteligencia griega.

En tan privilegida tierra, de fuerte romanización, donde las ruinas de tiempos imperiales atestiguan la presencia latina que se combinó con los pueblos ibéricos formando una mezcla personalísima, vino a nacer Gaudí, en el seno de una familia que por parte de padre procedía de Auvernia, de donde llegó un marchante, Juan Gaudí, que en 1634 se casó, en Riudoms, con María Escura. Este Juan era hijo de un Antonio Gaudí del que tan sólo se sabe que llevó el mismo nombre que el arquitecto tres siglos antes. Por parte de madre, la familia Cornet procedía de Santa Coloma de Queralt, en la comarca de la Conca de Barberà, tierra asimismo pedregosa, seca y rica en arquitectura medieval.

El abuelo de Gaudí, Francisco (1778-1828), era calderero en Riudoms, pueblo a cuatro kilómetros de Reus. Tuvo de su esposa, Rosa Serra, a Francisco Gaudí Serra (1813-1906), también calderero de Riudoms, que en 1843 se casó con Antonia Cornet Bertran, de Reus. El matrimonio se celebró en la iglesia prioral de San Pedro Apóstol de Reus, el 9 de mayo de 1843, ante el vicario de dicha parroquia, el licenciado Juan Ixart. En la correspondiente inscripción figura que Francisco Gaudí Serra era de Riudoms, pero vecino de Reus, al igual que su padre, en tanto que la novia era hija de Antonio Cornet, calderero de Reus, y de María Bertran, de Tarragona. Fue, pues, un matrimonio entre gentes del oficio de la calderería, es decir, los que trabajaban los alambiques de cobre para la destilación del alcohol de las uvas del Camp de Tarragona.

Gaudí manifestó que la visión, en el taller paterno, de las helicoidales formas de los serpentines y las formas alabeadas de las calderas de cobre le sugirió el concepto espacial de la arquitectura, que siempre fue capaz de imaginar en tres dimensiones, y no sobre las dos de los planos, que suele ser la manera como la aprenden los estudiantes de arquitectura, con ayuda de la geometría descriptiva y la perspectiva. Tener esta capacidad de ver y concebir las cosas en el espacio es, según Gaudí, un don de Dios, y no presumía de ello, ya que no dependía de él poseerlo.

Francisco Gaudí Serra y Antonia Cornet Bertran tuvieron cinco hijos. La mayor fue Rosa, nacida el 5 de mayo de 1844, antes del año de la boda de sus padres. Casó con José Egea Ferrer y murió en 1879, dejando una niña, Rosita (1876-1912), que vivió con su padre, su abuelo y su tío Antonio en Barcelona. La segunda hija de Francisco Gaudí se llamó María, nacida el 27 de junio de 1845 y fallecida el 10 de enero de 1850, sin llegar a cumplir los cinco años. Vino luego Francisco, nacido el 26 de marzo de 1848 y fallecido el 20 de abril de 1850, a los veinticuatro meses. El 27 de mayo de 1851 nació un nuevo niño, bautizado también con el nombre de Francisco, que llegó a terminar la carrera de medicina en 1872, muriendo aquel mismo año. El quinto hijo del matrimonio fue Antonio, nacido el miércoles 25 de junio de 1852. Todos los hijos fueron bautizados en San Pedro de Reus. La madre de Gaudí, Antonia Cornet Bertran, falleció el 8 de septiembre de 1876, cuando Antonio estaba en penúltimo año de arquitectura, en Barcelona.

## El nacimiento de Gaudí

Hasta 1951, todos los documentos afirman unánimemente que Gaudí nació en la ciudad de Reus. No había, pues, discusión alguna; pero en el volumen primero del *Diccionario de Artistas de Cataluña,* de la Editorial Millà, terminado de imprimir en Barcelona en diciembre de 1951, José Francisco Ràfols Fontanals, arquitecto, pintor y escritor, afirmó que Gaudí era hijo de Riudoms, sin más explicación. Hay que hacer notar que el propio Ràfols, en su obra *Gaudí,* primera y modélica biografía del maestro editada por Canosa en enero de 1929, había escrito que Gaudí nació en Reus, en la calle de la Amargura, a pesar de que en el original mecanografiado conservado en la Cátedra Gaudí hacía mención de la calle de San Juan, tal como lo afirmó José María Dalmases Bocabella en el calendario de «El Propagador de la Devoción de San José», de 1927.

En la segunda edición de su *Gaudí,* aparecida en Barcelona en abril de 1952 con el pie editorial de Aedos, Ràfols razonó su cambio de postura al afirmar que el acta de bautismo determina el lugar donde fue bautizado y el día en que nació, pero no el lugar, añadiendo: «Podríamos contentarnos con la hipótesis de que este lugar fue Reus si el mismo Gaudí no hubiese afirmado repetidamente a uno de sus colegas que más le ayudó en la profesión: "Yo soy de Riudoms."» Esta afirmación no la hizo, pues, Gaudí a Ràfols, quien trabajó durante varios años en las oficinas de delineantes del templo de la Sagrada Familia, sino a Juan Rubió Bellver (1871-1952), extremo confirmado al autor de este libro por el propio Ràfols y por Juan

Bergós. No hay constancia de que Rubió dejara nada escrito al respecto, solamente sus revelaciones orales a Ràfols, Bergós y Francisco de P. Quintana Vidal (1892-1966), director de las obras de la Sagrada Familia desde 1939 y, con anterioridad a 1936, ayudante de Sugrañés, sucesor de Gaudí. Quintana y Bergós declararon el 20 de junio de 1954, ante el notario Ramón M.ª Roca Sastre, de Barcelona, que habían oído repetidas veces a Gaudí afirmar ser hijo de Riudoms.

Según esta versión de los hechos, Gaudí habría nacido en el Mas de la Calderera, actualmente una casita de planta baja y un piso edificada junto al torrente de Maspujols, en el término municipal de Riudoms. En 1852, el Mas, o casa de campo, era mucho más pequeña y tenía en la planta baja una cuadra para un caballo y un cuarto para aperos de labranza, y encima, un sotabanco, al que se llegaba por una estrecha escalera sin tabiques. En esta casita no había cocina ni aseo. En 1921 fue reformada y ampliada, adquiriendo su aspecto actual. La forma y la disposición antiguas son conocidas por las manifestaciones de los arrendatarios de Gaudí.

En favor de la hipótesis riudomense está la opinión de Engracia Fontgivell Magriñà, nieta de Engracia Llorens Pàmies, la comadrona que asistió a la madre de Gaudí. Afirmó haber oído a su abuela que asistió a Antonia Cornet en el Mas de la Calderera con ocasión del nacimiento de su hijo Antonio.

Ésta podría ser una afirmación de primera mano de un testigo no sólo presencial, sino actuante en el parto, aunque llega a través de una persona de dos generaciones después de los hechos. Las demás afirmaciones proceden de personas que dijeron haber oído la información de labios de Gaudí, es decir, aseveraciones de quien no podía recordar el acto, aun cuando estuviera presente en él en calidad de protagonista. Quien hubiera podido afirmar con toda certeza el lugar del parto era la madre, pero nada dijo y si lo dijo no queda constancia de su aserto. El padre manifestó una vez que la casa natal era la de la calle de San Juan de Reus, afirmación de gran valor, a pesar de que el padre pudo haber estado ausente cuando nació su hijo.

Además de las afirmaciones de Rubió, Quintana y Bergós, además de la subsidiaria de Ràfols, está la del nieto del doctor Pedro Santaló Castellví (1849-1931), íntimo amigo de Gaudí, que dijo haber oído siempre en su casa que Gaudí era de Riudoms. Sin embargo, el doctor Santaló estuvo con Gaudí en Puigcerdà en junio de 1911, cuando el arquitecto hizo testamento y manifestó ser hijo de Reus al notario.

Otro testimonio es el de Pablo Badia Ripoll (1887-1976), modelista y escultor, sobrino de Carlos Mani Roig (1866-1911), que trabajó en la Sagrada Familia. Pablo Badia nació en el Mas de l'Illa, en el término municipal de Ginestar d'Ebre, comarca de Ribera d'Ebre, en la provincia de Tarragona, pero le bautizaron en la parroquial de Miravet, al otro lado del río Ebro. Cuando Badia trabajaba en la Sagrada Familia, en 1910, Gaudí le dijo que tenían algo en común, pues uno había nacido en el Mas de l'Illa y el otro, en el de la Calderera, pero que ambos habían sido llevados a cristianar a Miravet y Reus, respectivamente.

En el otro plato de la balanza está la avasalladora prueba documental a favor de Reus. José M.ª Guix Sugranyes la expuso *in extenso* en su libro de 1960, y a sus argumentos aún se han sumado otros en el curso de los últimos veinticinco años.

En primer lugar está la inscripción en el libro de bautismos de San Pedro de Reus. Dice así, traducida del catalán: «Día 26 de junio de 1852. En las fuentes bautismales de la parroquial iglesia de San Pedro Apóstol de Reus, arzobispado de Tarragona, por mí, José Casas, Pbro. y vicario de dicha iglesia, fue solemnemente bautizado Antón, Plácido, Guillermo, nacido ayer, a las nueve y media de la mañana, hijo de Francisco Gaudí, calderero de Riudoms, y Antonia Cornet, de Reus, cónyuges. Abuelos paternos, Francisco Gaudí, calderero de Riudoms, y Rosa Serra, de Reus. Abuelos maternos, Antonio Cornet, calderero de Reus, y María Bertran, de Tarragona. Padrinos, Plácido Gaudí, tornero de Riudoms, y Raimunda Tarragó de Gaudí, de Barcelona. Avisados de doctrina y parentesco».

A pesar de no indicar el lugar de nacimiento este documento es valiosísimo, puesto que es el único oficial existente, ya que por entonces aún no se había creado el Registro Civil.

En otros documentos antiguos aparece la afirmación taxativa del nacimiento de Gaudí en Reus. En las solicitudes de matrícula en el Colegio de los Escolapios de Reus, el muchacho escribe en todos los cursos que es hijo de Reus. Así lo hizo el 14 de septiembre de 1863, el 14 de septiembre de 1864, el 8 de septiembre de 1865, el 11 de septiembre de 1866 y el 12 de septiembre de 1867. En 1864, además de Antonio Gaudí, firmó la solicitud, en calidad de fiador, su padre, Francisco Gaudí.

En las instancias y demás documentos del expediente académico de Gaudí en la Escuela Provincial de Arquitectura de Barcelona, tanto Gaudí como su fiador y padre afirman que nació en Reus, y así lo certifican el catedrático secretario de la Escuela y el secretario de la Universidad Literaria.

En la portada del expediente académico, donde se contienen las calificaciones y las fechas desde el ingreso hasta el libramiento del título, se puede leer: «Antonio Gaudí Cornet, natural de Reus, provincia de Tarragona».

En los documentos contenidos en la carpeta se pueden ver sendos oficios del secretario Augusto Font y Carreras, de 2 y 10 de octubre de 1874, con la afirmación de la naturaleza reusense de Gaudí. Los secretarios del Instituto de Enseñanza Media de Barcelona y de la Universidad Literaria afirman lo mismo en certificados expedidos los días 25 de septiembre y 1 y 15 de octubre de 1873.

En las solicitudes de matrícula, el propio Gaudí manifestó ser hijo de Reus en las siguientes ocasiones: 30 de septiembre de 1872, 6 de junio de 1873, 30 de septiembre de 1873, 29 de octubre de 1874, 1 de diciembre de 1875, 20 de mayo de 1876, 30 de septiembre de 1876 y 30 de mayo de 1877. En cuatro de estas instancias hay, además, la firma del fiador, Francisco Gaudí.

Existen aún más documentos probatorios, como una escritura otorgada por Gaudí ante el notario de Barcelona Hermenegildo Martí Ferrer, el 14 de febrero de 1878, en la que manifestó ser hijo de Reus y su padre de Riudoms. En otra escritura ante el notario de Reus Plácido Bassedas Saludes, el 14 de mayo de 1878, afirma también ser hijo de Reus.

Gaudí hizo testamento ante el notario de Puigcerdà Ramón Cantó, el 6 de junio de 1911. Se encontraba enfermo de fiebres de Malta y temía por su vida. El testamento fue destruido con todo el archivo notarial en julio de 1936, pero en el Colegio Notarial de Barcelona y en la Dirección General de Archivos y Notariado de Madrid se conservan las fichas de este testamento, y en ellas Gaudí dice ser hijo de Reus.

En el archivo de la archidiócesis de Tarragona hay sendas instancias de Gaudí en el acto de establecer unas fundaciones para Reus (23 de enero) y Riudoms (22 de septiembre de 1925), y en ambas afirma ser hijo de Reus, residente en Barcelona. Así consta igualmente en el Libro de Fundaciones de San Pedro de Reus de enero de 1925. En el certificado de defunción de Gaudí, fechado el 10 de junio de 1926 en el Hospital de la Santa Cruz de Barcelona, figura como hijo de Reus, y en la lápida de su tumba, en la capilla del Carmen de la cripta de la Sagrada Familia, se podía leer: «Antoni Gaudí, al cel sia».

A todos estos argumentos recopilados en su día por J. M.ª Guix se puede añadir el del catálogo de la Exposición Gaudí en 1910, celebrada en el Grand Palais de París, donde junto al nombre se puede ver la frase «né à Reus».

Así, pues, desde el punto de vista documental no hay duda de que Gaudí nació en Reus. Hay en contra de ello las afirmaciones de testigos que le oyeron decir que era de Riudoms. Como todos los argumentos son de fiar y afirman cosas contradictorias no se puede sacar, desde el punto de vista del rigor científico, una conclusión absolutamente cierta. El autor de este libro trató de explicar las razones de esta confusión en el prólogo de la segunda edición del libro de Bergós, en 1974, en base al posible enfado de Gaudí al no poder realizar su proyecto de nueva fachada para el Santuario de Misericordia de Reus. Su enfrentamiento con la junta administradora del santuario pudo provocar un resentimiento hacia Reus, pero esto no iba a cambiar el lugar de nacimiento, a pesar de las afirmaciones de Gaudí. El proyecto del Santuario de Misericordia se inició en 1903 y quedó interrumpido por razones urbanísticas.

En relación al Santuario de Misericordia hay otra prueba que parece bastante concluyente. Gaudí diseñó en 1900 el estandarte de los reusenses residentes en Barcelona para la peregrinación al santuario y participó en aquella procesión junto con los reusenses establecidos en Barcelona; así lo demuestra una fotografía en la que aparece, junto al estandarte que diseñó, a su paso por las calles de Reus. La foto se publicó en el *Semanario Católico de Reus.*

En el libro de Francisco Gras Elías, *Hijos ilustres de Reus,* publicado en Barcelona en 1899, figura Gaudí como reusense nacido en la calle de San Juan.

## Infancia y primeros estudios

Muy pocas e imprecisas son las noticias que se tienen de la infancia de Gaudí. Bergós dice que estuvo afectado de fiebres reumáticas y pasó largas temporadas en Riudoms, donde en ocasiones le montaban en un borrico, ya que no podía valerse por sí mismo. Esta enfermedad le acompañó toda la vida, pero a pesar de ello su complexión era de apariencia robusta y solamente en la vejez adquirió el aspecto de fragilidad que muestran las escasas fotos que de él se conservan. Gaudí vivió setenta y cuatro años, pero su vida, truncada por un accidente, pudo haber sido mucho más larga, ya que su padre fue un hombretón que alcanzó la edad de noventa y tres años, conservando todas sus energías hasta el último momento. Sobrevivió treinta años a su mujer, fallecida en 1876. Vivió Gaudí mucho más que sus hermanos, fallecidos a los treinta y cinco, cinco, dos y veintiún años, respectivamente, y la energía que demostró en la creación artística y el cuidado y minuciosidad que puso en todas sus obras y proyectos demuestran que su cuerpo respondió a lo que su espíritu le exigía.

Por lo que se refiere a la enseñanza primaria, dice Ràfols que la cursó Gaudí en el colegio que dirigía don Rafael Palau, en el Hospital de Reus. Eduardo Toda Güell, condiscípulo y amigo de la infancia, aseguró en un artículo publicado en *El Matí* de junio de 1936, que ambos habían concurrido a la escuela del maestro Francisco Berenguer en una buhardilla de la calle Monterols, de Reus. Este maestro era el padre del colaborador y amigo de Gaudí, Francisco Berenguer Mestres (1866-1914). De los tiempos de la escuela primaria queda la anécdota referida por Bergós y comentada por Ràfols de la réplica de Gaudí a un maestro que afirmó doctoralmente que los pájaros tienen alas para volar: «Pues las gallinas de nuestra casa de campo tienen grandes alas y, sin embargo, no vuelan».

Las noticias concretas llegan a partir de los once años, cuando se matriculó en el Colegio de los Escolapios de Reus, ubicado en el antiguo convento de San Francisco, desde 1858 a 1870. En 1860, la Escuela Pía de Reus pasó a tener categoría de Instituto de Enseñanza Media, incorporado al de Tarragona. Los Institutos de Enseñanza Media no fueron creados en España hasta 1845, siendo con anterioridad impartida la enseñanza en conventos y seminarios. En Barcelona se creó el Instituto agregado a la Universidad en 1854, y tres años después tomó el nombre de Instituto Provincial de Segunda Enseñanza; el instituto estuvo radicado en el edificio del antiguo convento del Carmen Calzado, junto con la Universidad, que había regresado de Cervera en 1837. El convento del Carmen fue demolido en 1874.

Por lo que a Gaudí se refiere, se matriculó por vez primera en el curso 1863-1864, en el Instituto Colegio de las Escuelas Pías de Reus. Toda vez que se conserva su expediente escolar, se puede seguir el curso de sus estudios. En el primer año consiguió la calificación de «mediano» en latín, lengua española, doctrina cristiana e historia sagrada. Fue suspendido en principios y ejercicios de aritmética, tanto en junio como en septiembre.

En el año 1864-1865 obtuvo «mediano» en lengua latina y lengua española, y suspenso en geografía descriptiva. Esta asignatura la aprobó con «mediano» en el mes de septiembre.

En el curso 1865-1866 fue calificado como notablemente aprovechado en lengua griega; excelente en principios y ejercicios de geometría; notablemente aprovechado en principios y ejercicios de aritmética, con lo que se demuestra que a la tercera va la vencida.

En el curso siguiente, de 1866 a 1867, consiguió notablemente aprovechado en psicología, geografía descriptiva e historia general y en retórica y poética. En religión y moral sacó un bueno. En el último año en el Colegio Instituto de Reus tuvo en matemáticas un notablemente aprovechado y un aprobado en doctrina cristiana e historia sagrada.

En el curso 1868-1869, Gaudí se matriculó en el Instituto de Enseñanza Media de Barcelona, en calidad de alumno libre, y aprobó las asignaturas de elementos de física e historia natural.

Este cambio de instituto pudo ser debido a los sucesos de la revolución de septiembre de 1868, que tuvieron fuerte impacto en Reus, o bien porque Gaudí intentara al mismo tiempo preparar el ingreso en la Escuela de Arquitectura o para acompañar en Barcelona a su hermano Francisco, que estudiaba medicina.

El examen de las calificaciones de Gaudí en enseñanza media indica un comienzo titubeante y un crescendo posterior hasta terminar con notas brillantes, salvando las dos notas discretas obtenidas como alumno libre en el instituto de Barcelona.

Ràfols apuntó que en las Escuelas Pías, con la devoción del Oficio Parvo de la Virgen, que se rezaba los sábados por la tarde, Gaudí se inició en la liturgia católica, que luego aplicó a sus obras religiosas y especialmente en el templo de la Sagrada Familia. El propio Gaudí expresó su satisfacción por ser alumno de los escolapios durante una visita al templo de un grupo de antiguos alumnos del colegio de San Antonio de Barcelona. Les dijo que el Oficio Parvo le había iniciado felizmente en la teología cristológica al tener ocasión de rezar todos los sábados los salmos latinos, las antífonas o breves pasajes bíblicos, las invocaciones y doxologías o alabanzas marianas, bajo la dirección de un escolapio con adelantado sentido catequético. Este testimonio ha sido descrito por el padre escolapio Juan Poch, que asistió a la visita referida en la que Gaudí añadió que en el colegio se dio cuenta del valor de la historia divina de la salvación del hombre mediante Cristo, encarando y librando al mundo por la Virgen María. Tal realidad global cristológico-mariana intentaba plasmarla en el monumento sagrado que significa la Sagrada Familia.

De los Escolapios de Reus, Gaudí recibió la clásica formación religiosa y humanística que ha caracterizado siempre a los padres de San José de Calasanz. En los escritos de Gaudí asoma el recuerdo de lo aprendido allí, como son las citas de lecturas latinas y de liturgia.

Después de completar sus estudios de enseñanza media en el instituto comenzó el curso de ingreso en la Escuela Provincial de Arquitectura, que se componía de tres asignaturas libres, de las que se examinó en dicha escuela, por entonces radicada en el segundo piso de la Casa Lonja. Eran éstas traducción del francés, que aprobó el 21 de octubre de 1874; dibujo –que incluía copiar a la aguada detalles de edificios de todo género–, que suspendió el 11 de junio de 1873 y aprobó el 21 de octubre de 1874, y el dibujo de figura, aprobado en igual fecha.

Además de las asignaturas libres en la Escuela de Lonja, Gaudí tuvo que examinarse en la Universidad, situada en el convento del Carmen, de mecánica aplicada, resistencia de materiales, exposición y aplicación de las fórmulas de la estabilidad de las construcciones y motores más usados, que aprobó el 21 de octubre de 1874. De complementos de álgebra y geometría analítica había sido aprobado en la convocatoria ordinaria de 1869-1870, en tanto que en la de 1870-1871 aprobó el cálculo infinitesimal e integral y la geometría descriptiva.

Cuando Gaudí solicitó estos exámenes en la Facultad de Ciencias manifestó en la instancia ser hijo de Reus, domiciliado en Barcelona, en la plaza de Montcada, 12, tienda. Se trata de una charcutería no ha mucho desaparecida, detrás de Santa María del Mar, frente al paseo del Borne. La instancia se firmó el 11 de octubre de 1869 y actuó de fiador Patricio Barnusell, del mismo domicilio. En el curso siguiente tenía su domicilio en la calle Espasería, 10, y en 1872 en Montjuïc de San Pedro, 16, 4.º (hoy Verdaguer i Callis), siendo en ambos casos fiador su padre. Es interesante saber que Gaudí residió durante cuatro años en el barrio de Ribera o en el inmediato de San Pedro, muy cerca del edificio de la Lonja, donde se examinó de ingreso. Luego se trasladó a la calle de la Cadena, 22, 3º, mucho más cerca del convento del Carmen, donde estaba la Facultad de Ciencias.

El que se encontraran en el mismo edificio el Instituto de Enseñanza Media y la Facultad de Ciencias supuso para Gaudí el paso insensible de la enseñanza media a la superior y su ingreso en la Escuela de Arquitectura, en la que permaneció hasta 1877.

# 2. En la Escuela Provincial de Arquitectura

El expediente académico de Gaudí se conserva en el archivo de la Escuela Técnica Superior de Arquitectura, y las actas de sus exámenes, también, por lo que se puede seguir el proceso de sus estudios, caracterizados, al igual que en el bachillerato, por una cierta irregularidad.

La carrera se hallaba dividida entonces, una vez superadas las asignaturas en la Facultad de Ciencias, en un curso de ingreso, otro preparatorio y cuatro más. En el ingreso figuraban tres asignaturas, dibujo lineal, dibujo de figura y traducción del francés, que Gaudí aprobó el 24 de octubre de 1874.

Del curso preparatorio aprobó el 30 de junio de 1875 la asignatura de sombras y perspectiva, de la que era catedrático don Antonio Rovira Rabassa, de quien Gaudí contó a Martinell que era buen profesor, aunque a veces no conocía muy a fondo lo que explicaba. Era un profundo admirador de Gaspar Monge y publicó importantes libros sobre perspectiva, sombras, gnomónica y descriptiva.

Gaudí se examinó de esta asignatura el 24 de octubre de 1874 y fue suspendido. En el manuscrito de Gaudí del Museo Comarcal de Reus se conserva un dibujo de reloj inclinado declinante, ejercicio de gnomónica fechado el 3 de mayo de 1873.

Otra asignatura del preparatorio que comenzó con una calabaza fue la de copia de yeso, suspendida el 17 de noviem-

bre de 1873 y aprobada el 5 de septiembre de 1874. Al respecto se refiere que para hacer modelos de yeso se tenía que gastar dinero pagando a un modelista, cosa que Gaudí no quiso hacer, siendo su trabajo defectuoso y merecedor del suspenso. Otro suspenso fue el de dibujo a la aguada para copiar detalles de edificios, que no pudo superar el 11 de junio de 1873 y aprobó el 5 de noviembre de 1874.

El 5 de noviembre de 1874 aprobó el «dibujo de copia de edificios o sus partes principales» ante un tribunal formado por Juan Torras, Augusto Font y José Vilaseca, el mismo que le había suspendido en mecánica.

A los pocos días, y quizás para rebajar su alegría, fue suspendido en proyectos, asignatura que en primer curso se llamaba «ensayos de invención de partes de edificios o conjuntos de decoración», tema que presentó en dos partes: la primera o de croquis, el 6 de noviembre, y la segunda, o desarrollo, el 17 del mismo mes. El tribunal estaba formado por Leandro Serrallach, Antonio Rovira Rabassa y José Vilaseca.

Un tribunal formado por Torras, Rovira y Font aprobó a Gaudí en mecánica el 20 de junio de 1875, y el 30 del mismo mes, en estereotomía. En la convocatoria de septiembre los resultados fueron un tanto dispares, ya que suspendió la «topografía teórica y práctica» el día 13, y el 21 aprobó el primer ejercicio de «dibujo de ensayo de invención de edificios o sus partes», o sea, proyectos, y logró sobresaliente en el segundo ejercicio, o desarrollo del proyecto. Este sobresaliente tiene su anécdota. El proyecto a desarrollar era una puerta para un cementerio. Gaudí, en junio, empezó dibujando un coche fúnebre y un faetón del que descendían unos apenados personajes, y cuando el catedrático Font le preguntó dónde estaba la puerta del cementerio contestó que quería crear primero una situación adecuada. Se enzarzaron en una discusión que

◀ Proyecto de puerta para un cementerio, realizado por Gaudí en 1875 para presentarlo a uno de los exámenes de la Escuela Técnica Superior de Arquitectura. Se trata de una interpretación artística del *Apocalipsis.*

terminó con el abandono de Gaudí. En septiembre pintó la soberbia puerta conocida por la fotografía que publicó Ràfols de la misma, en la que puede verse toda una artística interpretación del *Apocalipsis*, libro por el que Gaudí sintió fuerte inclinación, reapareciendo en otras obras suyas a lo largo de toda la carrera.

El curso académico 1875-1876 se le dio mucho mejor, ya que el 8 de junio aprobó «topografía y nociones de mineralogía y química con aplicación a los materiales de construcción». En el tribunal, junto con Torras y Rovira, estuvo Luis Domènech i Montaner, que hacía poco había terminado la carrera en Madrid.

El 13 de junio sacó notablemente aprovechado en manipulación y empleo de materiales, y el 28 del mismo mes, aprobado en teoría general del arte. El 30 de junio consiguió también notable en «aplicaciones de la teoría del arte a la invención de edificios», o sea, segundo de proyectos. En la convocatoria de septiembre se presentó a otra asignatura de proyectos, obteniendo el día 16 de tal mes el aprobado del croquis y el 11 de octubre, sobresaliente. Se trata del magnífico proyecto de patio para la Diputación Provincial, que se conserva en la Cátedra Gaudí. El sobresaliente le dio a Gaudí la oportunidad de presentarse a una oposición a premio extraordinario. Así lo hizo, trazando su proyecto de embarcadero. El 16 de noviembre, el tribunal, compuesto por todos los profesores de la escuela –Rogent, Villar, Serrallach, Rovira, Vilaseca, Domènech y Font– estimó: «No ha lugar a la adjudicación del premio». Lástima grande, porque el proyecto, también conservado en la Cátedra Gaudí, es una preciosidad.

El 14 de junio de 1877 Gaudí acabó la carrera, aprobando ese día «policía y viabilidad urbana e higiene pública de los edificios» y la «tecnología, práctica de presupuestos y me-

◀ Proyecto de embarcadero concebido por Gaudí para optar al premio extraordinario de la Escuela Técnica Superior de Arquitectura. Fue diseñado en 1876, pero no fue premiado.

diciones». En proyectos, llamada la asignatura de este último curso «aplicación de la teoría del arte a la invención, distribución y decoración de edificios», logró aprobar el croquis el 12 de junio y con notablemente aprovechado el 30. El tribunal lo compusieron Rogent, Font y Vilaseca, y el tema era una fuente monumental en la plaza de Cataluña.

Antonio Gaudí en 1878, cuando finalizó sus estudios de arquitectura.

Sección de paraninfo universitario proyectado por Gaudí en 1877 para el examen de fin de curso. Actualmente se conserva en la Cátedra Gaudí.

En la reválida, el 22 de octubre de 1877, logró aprobado para el croquis y aprobado por mayoría el 4 de enero de 1878, es decir, la calificación mínima.

El proyecto de reválida fue de un paraninfo universitario, tarea muy difícil, puesto que Elías Rogent, el presidente del tribunal que le examinó, había diseñado ocho años antes el paraninfo de la nueva Universidad de Barcelona. Gaudí siguió una forma muy distinta de la utilizada por su profesor, y quizás este atrevimiento le costó el aprobadillo con minúscula que le otorgó el tribunal.

El 11 de febrero de 1878, el director Rogent remitió sendos oficios al rector de la Universidad y al director general de Instrucción Pública y Bellas Artes, junto con los expedientes de Antonio Gaudí, Cristóbal Cascante, José Grases y Juan Feu para que les fuera otorgado el título de arquitecto. Los títulos fueron librados el 15 de marzo, y el 9 de abril el director de la escuela lo puso en conocimiento del presidente de la Academia Provincial de Bellas Artes y del rector de la Universidad. Poco después Gaudí se enteró de que ya era arquitecto y comentó con su amigo y colaborador el escultor Lorenzo Matamala Piñol (1856-1927): «Lorenzo, dicen que ya soy arquitecto», con evidente sorna, puesto que se consideraba de *facto* arquitecto desde mucho antes.

Al comenzar la carrera, Gaudí se había visto envuelto en una curiosa acción referida al monasterio abandonado de Santa María de Poblet. Este cenobio cisterciense, cuya comunidad se disolvió en 1835 por la ley de Mendizábal, estaba en 1870 en deplorable estado, a pesar de los intentos de la Comisión Provincial de Monumentos de Tarragona, que, desde 1844, intentó velar por las ruinas. Poblet está muy cerca de L'Espluga de Francolí, población donde era maestro don José Ribera, cuyo hijo José Ribera Sans era muy amigo de Gaudí y de Eduardo Toda Güell, con quienes fue a la escuela en Reus. Los tres decidieron emprender por su cuenta la restauración del gran complejo monacal. Es interesante considerar que el mejor conocedor de las ruinas era Ribera, en tanto que Toda no estuvo en ellas hasta abril de 1870. No se sabe cuándo ni cuántas veces pudo Gaudí, de niño, haber visitado Poblet. Los tres muchachos elaboraron un plan que debía estar bastante avanzado en 1867, cuando Ribera se marchó a Madrid a estudiar la carrera de Medicina. En el verano de 1870, Toda redactó una extensa memoria sobre el plan de restauración, acompañándola de un plano explicativo sacado de la *Guía de Poblet* de Antonio de Bofarull. La memoria comprende diversos apartados y quedó en poder de Toda, y ahora está en el archivo del monasterio de Poblet, cuya comunidad regresó en noviembre de 1940. Hay un estudio económico para la financiación de la restauración, una propuesta de utilización con fines culturales y una descripción muy interesante del estado de Poblet en 1870. También figura una relación de libros de la biblioteca populetana, con expresión del lugar donde se guardaban en aquel tiempo. Finalmente, en el legajo de Toda hay también un dibujo a lápiz, de mano de Gaudí, que representa el escudo del abad Cuyàs, del siglo XVIII, que el estudiante copió de la *Historia de Poblet* del padre Jaime Finestres. No consta otra colaboración de Gaudí en el descabellado proyecto, pero seguramente debió de participar aportando ideas para la parte arquitectónica de la restauración. La memoria está escrita en el reverso de un panfleto revolucionario de 1869, que muestra el carácter de los reusenses, siempre proclives a la acción.

## Primeras actividades

Antonio Gaudí no se limitó a estudiar las asignaturas de la carrera de arquitecto, sino que al mismo tiempo tuvo otras actividades docentes y laborales. Por de pronto, cuando estudiaba en el convento del Carmen, además de asistir a las clases de la Facultad de Ciencias, asistió en la de Letras a las explicaciones de Manuel Milà i Fontanals, catedrático de Estética e Historia de la Arquitectura, y a las de Javier Llorens i Barba, catedrático de Filosofía e Historia de la Filosofía. Se sabe que en la Escuela de Arquitectura faltaba mucho a clase, pero dedicaba largas horas a la lectura en la biblioteca.

Debido a que su hermano Francisco estaba también estudiando en Barcelona y la renta de su padre era escasa, se vio obligado a trabajar como delineante de algunos profesionales para reunir el dinero suficiente. Trabajó en el despacho de José

Fontserè Mestres, maestro de obras titular del Ayuntamiento de Barcelona. El padre de este maestro de obras fue el arquitecto José Fontserè Domènech, natural de Vinyols, muy cerca de Reus y de Riudoms, de una familia de carpinteros que, sin duda, conocían a los Gaudí. Nada tiene, pues, de particular que el joven estudiante fuese recomendado a casa de los Fontserè, donde estuvo trabajando hasta que terminó la carrera. Gaudí participó en diversos proyectos de este maestro de obras, a quien incomprensible e ilegalmente el Ayuntamiento de Barcelona encargó las obras del parque de la Ciudadela, tarea específica de un arquitecto y prohibida a los maestros de obras, máxime cuando en el concurso, fallado en 1873, Fontserè consiguió solamente un accésit. Había razones políticas detrás de todo ello y Fontserè recibió el encargo y siguió al frente de las obras del parque hasta 1887, año en que se empezaron las de la Exposición Universal en el mismo lugar.

Es probable que Gaudí trabajara en los planos del concurso, que fueron presentados bajo el lema «Los jardines son a las ciudades lo que los pulmones al cuerpo humano», incluso en vida de Fontserè padre, fallecido en mayo de 1870, y, desde luego, a las órdenes del hijo, para quien actuó como delineante en el depósito de aguas, en el Museo de Zoología y Botánica (no realizado), en la gran cascada, en las puertas de entrada y concretamente en la reja de hierro de más de un kilómetro que circuye todo el parque y que consta como obra suya exclusivamente. También participó en el proyecto del mercado del Borne, cerca del parque, el primero de los de estructura metálica en Barcelona. En los proyectos estudiantiles, especialmente en el embarcadero y la fuente monumental para la plaza de Cataluña, se acusan fuertes semejanzas con los proyectos de Fontserè en tal época. En el dietario de Gaudí, conservado en el Museo Comarcal de Reus por donativo de Domingo Sugrañes Gras, arquitecto sucesor de Gaudí en la Sagrada Familia y natural de Reus, se ven numerosas anotaciones del trabajo que Gaudí rindió a Fontserè. También delineó para Francisco de Paula del Villar y Lozano, que fue arquitecto diocesano, provincial y director de la Escuela de Arquitectura. Se sabe, por el diario de Gaudí, que solamente en 1876 dedicó casi cuarenta horas a la delineación del ábside y el camarín del monasterio de Santa María de Montserrat. Estos dibujos se conservan en el Archivo Histórico del Colegio de Arquitectos y, aun cuando están todos firmados por Villar, es perceptible la mano de Gaudí en varios de ellos.

También estuvo una corta temporada colaborando con Emilio Sala Cortés, maestro de obras y arquitecto de mucho prestigio en Barcelona y buen representante del estilo ecléctico decimonónico, autor de la casa n.º 43 del paseo de Gracia que Gaudí reformó para don José Batlló.

Otra colaboración interesante fue la que mantuvo con Juan Martorell Montells, también maestro de obras y arquitecto de la primera promoción de la Escuela Provincial de Arquitectura de Barcelona, que acabó los estudios en 1872, pero no consiguió el título oficial hasta 1877, junto a Emilio Sala Cortés y Adriano Casademunt Vidal. Precisamente en el diario de Gaudí se anota una comida en la Fonda de Cataluña de la calle del Vidre, en agosto de 1877, para celebrar el título de los noveles arquitectos. La participación de Gaudí en las obras de Martorell continuó después de acabar el primero la carrera, y se centra en los proyectos de la iglesia de los jesuitas de la calle de Caspe, las Salesas del paseo de San Juan, el no realizado convento de benedictinos de Cuevas de Almanzora, en Almería, y, muy especialmente, en el nombramiento de Gaudí como arquitecto de la Sagrada Familia, como más adelante se verá.

Martorell era el arquitecto del marqués de Comillas y fue quien relacionó a Gaudí con los Comillas y los Güell, abriéndole así las puertas al ejercicio de la profesión con los más distinguidos clientes, cosa difícil para un muchacho de Reus sin demasiada relación social en Barcelona. También trabajó Gaudí como delineante industrial en la razón social Padrós y Borrás, dedicada a la fabricación de maquinaria. Fue compañero de curso, en la Escuela de Arquitectura, de José Sarramalera Aleu, que no acabó la carrera de arquitecto, pero fue gerente de la referida razón social para la que Gaudí dibujó los planos de un proyecto de tranvía para unir Barcelona con Can Tunis, al pie de la montaña de Montjuïc, cara al mar. Es interesante considerar el amplio abanico de tipos de dibujo que practicó el estudiante, que debió de salir mucho más preparado que sus compañeros de curso y escuela.

Aún cabe añadir otro factor determinante que ayuda a la comprensión de la compleja figura de Gaudí. Además de los cursos en la escuela y los trabajos como delineante, Gaudí frecuentó mucho el taller del artesano Eudaldo Puntí, en la calle de la Cendra, 8, del barrio del Pedró, en Barcelona. Eudaldo Puntí era especialista en la fundición de hierro colado, carpintería, cristalería y en general todo lo que fueran artes e industrias artísticas. Al lado, en el número 10 de la calle de la Cendra, estaba otro taller, el de Lorenzo Matamala Pinyol, escultor modelista y adornista. En estos talleres, tanto en uno como en otro, y en íntima colaboración, se trabajó abundantemente para Fontserè en las obras decorativas del parque de la Ciudadela y también para Martorell y para el marqués de Comillas. El taller de Puntí pudo ser el lugar del primer encuentro entre Gaudí y Eusebio Güell, a propósito de un proyecto de vitrina para la guantería de don Esteban Comella, en el número 5 de la calle de Avinyó de Barcelona. Esta tienda estaba en la esquina de Avinyó con la calle Fernando, en aquel momento el punto más *chic* de la ciudad. El propietario surtía de guantes a lo más distinguido de la sociedad barcelonesa y quiso poner la tienda a la altura de las circunstancias. En los talleres Puntí se hicieron los mostradores, las estanterías y los escaparates. Se da el caso de que uno de los antiguos mostradores quedó en poder de Lorenzo Matamala, el colaborador de Puntí, y lo utilizó de mesa de comedor en su casa, cercana a la Sagrada Familia, hasta muchos años después.

Además de la tienda, quiso el señor Comella tener una vitrina para presentar sus productos en la Exposición Internacional de París, en 1878, y entonces fue cuando este trabajo fue encargado a Gaudí, que estaba a punto de recibir el título de arquitecto. Esta vitrina salió sorprendentemente aérea, pues

Farola de seis brazos de la plaza Real de Barcelona, que fue diseñada por Gaudí para el Ayuntamiento en 1878.

encima de una abarrocada base de madera tallada, que sostenía además una barandilla que impedía a los curiosos acercarse a la vitrina más de lo conveniente, el resto era de láminas de cristal de gran tamaño, sostenidas por una delgada estructura metálica que en la parte alta presentaba una crestería de hierro forjado. La visión de los guantes expuestos era perfecta, pues estaban envueltos solamente con cristal. Se conoce esta vitrina por un grabado que publicó *La Ilustración Española y Americana* y un croquis original de Gaudí guardado en el Museo de Reus.

Al parecer, cuando don Eusebio Güell vio esta pieza en la exposición parisiense quiso conocer al autor y, de vuelta a Barcelona, estuvo en la tienda de Comella, y de allí pasó al taller de Puntí, donde Gaudí le fue presentado, iniciándose así una relación que duró hasta la muerte de Güell, en 1918, o sea, la friolera de cuarenta años.

En los talleres Puntí se hicieron también los modelos en yeso y los moldes para las farolas de tres y seis brazos que Gaudí diseñó para el Ayuntamiento en 1878, y que fueron colocadas en 1879 en la plaza Real y en 1880 en la de Palacio, enfrente de la Delegación del Gobierno. Estas farolas, con pie de piedra y tronco y brazos de hierro colado y bronce, son una muestra del ingenio y la meticulosidad de Gaudí, que, además de preparar personalmente los modelos con Lorenzo Matamala, pintó una acuarela y redactó una extensa memoria, que se conservó en el expediente municipal correspondiente. En la memoria, uno de los raros documentos escritos de Gaudí, se describe no sólo el proyecto de farol, sino que se hacen extensas consideraciones sobre la iluminación pública y el urbanismo. Esto lleva de la mano a comentar los escritos juveniles de Gaudí.

## La prosa juvenil gaudiniana

Gaudí no fue amigo de la poesía, siendo él un verdadero poeta, pero no del verso, sino de la piedra. Decía Toda que a Gaudí «els versos l'hi feien mal de cap» (los versos le daban dolor de cabeza). Su sensibilidad, a veces infantil, le llevaba a entender la poesía de la naturaleza sin los refinamientos de la rima. Entre sus escasos escritos no hay ninguno en forma de poesía, y de la prosa que redactó tampoco puede decirse que tuviera intención literaria, sino más bien descriptiva. En toda su vida publicó un solo artículo periodístico, en enero de 1881, sobre una exposición industrial y artística del Fomento del Trabajo Nacional en Barcelona. Apareció en el periódico *La Renaixença,* en febrero de aquel año, en dos entregas. Es interesante estudiar este articulo, localizado por Judith Rohrer en 1973 y glosado en 1976 por quien esto escribe en *Miscellanea Barcinonensia,* pues de setecientos objetos expuestos, Gaudí sólo analiza unos treinta, lo cual sirve para entender cuáles fueron sus gustos y lo que de veras le interesaba. Es sintomático el elogio de un altar de bronce, obra de Juan Martorell, para la capilla panteón del marqués de Comillas, y aún más el estudio que hace de tejidos y bordados, artesanía que siempre le atrajo, sistema para el cual hizo diversos proyectos y técnica que luego imitó con el hierro forjado en la Finca Güell, las Bodegas Güell y la Casa Mateu de Llinars del Vallès.

Con mucho, los más extensos escritos de Gaudí son los del manuscrito del Museo de Reus, que comprenden textos desde 1873 a 1879. Merece algún comentario el que lleva fecha de 10 de agosto de 1878, sobre «Hornamentación» (sic). La ortografía no fue especialidad gaudiniana, y a este escandaloso «Hornamentación» se une un horrible «Horiente» más adelante.

Empieza diciendo que se propone hacer estudios serios sobre ornamentación, y aquí ya se ha comido la hache, extendiéndose en consideraciones generales que han hecho pensar si no se trataría de unos apuntes de clase de teoría del arte, cosa que no es posible, pues en aquel momento ya tenía la carrera terminada. En el primer párrafo habla de los capiteles de la Alhambra de Granada y de la solución de multiplicar los collarinos para corregir el exceso de esbeltez. Este tipo de fustes de columna los utilizó luego en repetidas ocasiones, especialmente con pilares de fundición en la torre de El Capricho de Comillas, en la Casa de los Botines o en la Casa Milà. Gaudí conocía estas columnas gracias al libro de Owen Jones *The*

*Alhambra,* que estaba en la biblioteca de la escuela cuando estudiaba, y también por la colección de fotografías de J. Laurent, que la escuela adquirió y que estudió atentamente, como se constata en el propio manuscrito, donde se contiene una relación ordenada de estas fotografías. Otras dos series de fotografías fueron igualmente adquiridas por la escuela. Eran inglesas y mostraban aspectos de la arquitectura de El Cairo y de la India. El texto sobre ornamentación es el más completo de los que Gaudí escribió y contiene interesantes observaciones sobre los templos en general, que luego aparecen reflejadas en la Sagrada Familia. Contiene además una referencia a los *Entretiens sur l'architecture,* de Viollet-le-Duc, que por entonces era el libro más en boga entre los arquitectos, pero expresó opiniones diferentes, demostrando con ello independencia de criterio usando tanto el catalán como el castellano.

Siguen luego unas consideraciones sobre la casa solariega, con una inteligente defensa del concepto de familia, no exenta de sentido filosófico. Aparte de un informe sobre la posibilidad de enterramientos en la cripta de la Sagrada Familia y de la memoria sobre las farolas de Barcelona, no hay más escritos de Gaudí, cuyo pensamiento puede entenderse con la lectura de las frases recogidas por Martinell, Puig Boada, Bonet Garí, Bergós, Ràfols y Quintana durante los paseos o conversaciones con el maestro. Han sido publicadas fragmentariamente diversas veces, y completas, por Isidro Puig Boada en 1981, 1984 y 1998.

## Gaudí y el excursionismo

Una de las expresiones del movimiento cultural de Cataluña en la segunda mitad del siglo XIX fue el excursionismo, que reunió a grupos de entusiastas estudiosos del paisaje y los edificios de todo el país. En 1876 se fundó la Associació Catalanista d'Excursions Científicas y poco después la Associació d'Excursions Catalana, a las cuales se afilió Gaudí, ocupando incluso puestos directivos en la primera, de la que era miembro fundador Eudaldo Canibell, el de la Cooperativa Mataronesa. Gaudí fue alta en la asociación el 29 de abril de 1879, y en noviembre de aquel año participó en una excursión a Granollers, donde estudiaron la restauración de la iglesia parroquial de San Esteban. En enero de 1880, Gaudí era conservador del museo de la entidad, situado en el tercer piso de la casa número 10 de la calle del Paradís, donde estaban embebidas las cuatro columnas del templo romano, cuyos enormes capiteles corintios aparecían en mitad de la sala de actos. En el mismo mes se giró una visita a la masía llamada Torre Rodona de Les Corts de Sarrià, actualmente junto al hotel Princesa Sofía, que había restaurado su propietario, don Eusebio Güell, al que Gaudí conocía ya a raíz de la Exposición de París de 1878. También visitaron los excursionistas la iglesia de Santa María del Mar, que Gaudí conocía bien por haber vivido en la plazuela de Montcada, junto al ábside de la Iglesia.

Además de algunos informes y consultas evacuados por Gaudí por encargo de la asociación, en octubre de 1880 se le propuso el exorno de la sala de actos con motivo del homenaje a la entidad conmemorativo del cuarto aniversario de su fundación. Tal decoración llamó mucho la atención por las guirnaldas de flores y ramos de hiedra que colocó en torno a los capiteles corintios del templo romano y el dosel en el testero con las palabras: «pasado, Patria y porvenir» y la bandera catalana. En noviembre participó en una excursión a Vilafranca del Penedès y Olesa de Bonesvalls, donde dibujó la planta del hospital medieval.

Gaudí siguió colaborando con la asociación al menos hasta 1890. Por lo que se refiere a la Associació d'Excursions Catalana, que en 1891 se fusionó con la otra entidad para formar el Centre Excursionista de Catalunya, Gaudí participó en la reunión de Vallfogona de Riucorp, en homenaje al que fuera párroco de aquella población y famoso poeta y repentista mosén Vicente García. De los muchos festejos que se proyectaron, sólo algunos se pudieron llevar a término y la cabalgata alegórica que Gaudí proyectó quedó sin hacer. Sin embargo, se conservan cinco dibujos de su mano de aquel proyecto que Gaudí compuso a base de los elementos del lugar, con carros y caballerías que adornaba con flores y ramajes representando la siega, la recogida de las aceitunas y la vendimia. Otra actividad singular dentro de la asociación fue la excursión que escritores y artistas catalanes, valencianos y mallorquines hicieron al monasterio de Poblet en mayo de 1882. En la visita nocturna efectuada al abandonado cenobio, Gaudí, junto con un pintor valenciano llamado José Brel, preparó un fantasmagórico número, lanzando luces de bengala al interior del templo a través de las ventanas sin vidrieras y organizando carreras con antorchas por el claustro y las salas vacías. Las descripciones de tal hecho muestran la sorpresa y la satisfacción por el efecto conseguido y el emocionante final, con el canto de la *Salve Regina*, entonado desde el presbiterio al pie del mutilado retablo alabastrino de Damián Forment por el canónigo Collell y mosén Jacinto Verdaguer.

Al año siguiente fueron a reunirse con los catalanes del otro lado de los Pirineos, primero en Banyuls-sur-mer y luego en el claustro de Elna, donde Verdaguer leyó algunos fragmentos de *Canigó*. De esta excursión se conserva una fotografía que se publicó en *Il·lustració Catalana*. La última excursión en la que consta la presencia de Gaudí es una en marzo de 1889 a Sant Feliu de Guixols, donde vieron la torre Fumada y la llamada Porta Ferrada en el antiguo monasterio benedictino. También visitaron el parque de la Devessa de Gerona y el monumento megalítico de Solius llamado Sa Pedra Alta. Luego, Gaudí se desligó del movimiento excursionista, aunque siempre mantuvo el espíritu romántico y patriótico que informó el quehacer de ambas entidades y siguió cultivando la amistad de muchos de los socios. Gaudí había estudiado la colección de fotografías de J. Laurent seleccionando las que le parecieron más interesantes e hizo un dibujo extraído de una de las fotos de una ventana de la Casa de Pilatos de Sevilla que se conserva en la colección Casellas del Museo de Arte de Cataluña.

# 3. Las primeras obras

Terminada la carrera, Gaudí abrió un despacho en el tercer piso del número 11 de la calle del Call, muy cerca de la plaza de San Jaime. Por aquel entonces es posible que su padre estuviera viviendo con él en Barcelona. Su madre había fallecido en 1876 y su hermana Rosa, en 1879, y desde aquel momento su marido, José Egea Ferrer, y su hija, Rosita Egea Gaudí, vivieron con el arquitecto en sus distintos domicilios.

Entre 1878 y 1883 realizó una serie interesante de pequeños proyectos, de los cuales el más sugestivo es su aportación a la cooperativa La Obrera Mataronesa, de la que se hablará luego.

En 1877 presentó unos proyectos a un concurso de artes aplicadas a la industria convocado por el Ateneo barcelonés, aunque sin lograr premio ninguno. En 1878 diseñó su tarjeta personal con su domicilio en la calle del Call. Fue la única que mandó imprimir en toda su vida, pero su personal epigrafía ha hecho que haya sido repetidamente publicada después de su muerte. Este mismo año, y mientras trabajaba en el taller de Eudaldo Puntí, se dibujó su mesa de trabajo y escribió en su diario una minuciosa descripción de tal pupitre, de formas originales, que causaron el asombro de los artesanos de Puntí. La decoración se hizo con formas animalísticas de insectos y pájaros de las comarcas del Camp de Tarragona. El mueble fue quemado en 1936 en la Sagrada Familia. En busca de clientes, fueran de donde fueran, Gaudí aceptó también, en 1878, el encargo de Enrique Girossi para diseñar unos edículos de servicios, venta de flores y anuncios publicitarios para colocar en diversos lugares de Barcelona. La empresa fracasó y no se llegó a construir ni uno de estos quioscos. Se conserva el dibujo de Gaudí y la memoria.

Para la entidad recreativa La Familiar del Putxet proyectó (1878) un teatro en la calle de San Joaquín, en San Gervasio, cuyas características se ignoran, salvo un diseño de la puerta del jardín. En los talleres Puntí se hicieron los muebles para la capilla panteón de Antonio López, en Comillas, dentro de un opulento estilo con decoración floral y animalística. Ya se ha referido el proyecto de las farolas de la plaza Real y de la vitrina Comella, elaborado todo ello en la calle de la Cendra, en los talleres Puntí, siempre dentro de 1878, año en el que dibujó a la acuarela un relicario que se conserva en el Museo Comarcal de Reus, así como un dibujo al pastel con una cabeza de macho cabrío, ahora en la Cátedra Gaudí.

## La Obrera Mataronesa

La aportación de Gaudí a los trabajos de esta industria textil tiene un doble interés, arquitectónico y sentimental.

Gaudí colaboró románticamente con una idea social cooperativa en la primera fábrica propiedad de los obreros que hubo en España. Salvador Pagès fue el impulsor de esta idea, que al principio halló mucha resistencia, hasta el punto de que el notario se negaba a redactar la inscripción del registro. Era un intento de aplicar, muy dulcificadas, las ideas propugnadas por socialistas y anarquistas, por Marx y Bakunin. Salvador Pagès llegó a participar en la Internacional Socialista de Barcelona en 1871, pero fue expulsado, acusado de burgués, ya que no quería otra cosa sino hacer a los obreros propietarios de su propia fábrica, cosa contraria al socialismo, que aceptaba al Estado como único dueño, y a la negación del Estado propugnada por los anarquistas. Gaudí diseñó en 1873, cuando apenas había ingresado en la Escuela de Arquitectura, una bandera para la cooperativa. En mayo de 1878 hizo unos dibujos acuarelados de la reforma de una casa antigua para convertirla en casino recreativo y cultural para los trabajadores, con objeto de presentarlos en la Exposición Internacional de París de 1878, cosa a la que Pagès era muy aficionado, ya que presentó también sus productos a la de Filadelfia en 1876, obteniendo algunos premios. El casino no se llegó a terminar según el proyecto de Gaudí, pero, además de las acuarelas de París, se tiene una descripción de Ràfols muy sustanciosa. Dentro también de 1878 redactó un proyecto para viviendas pareadas para los obreros, de las que se construyeron dos. Hoy ya no existen, pero se conocen los proyectos, en los que se pueden ver unas sencillas casitas de planta baja interesantes por la novedad que entonces suponían. Se sabe que Gaudí había leído algunos libros sobre los problemas de las clases trabajadoras, y por tanto demostró con ello un interés por las cuestiones sociales planteadas en aquellos momentos en España. Hizo, igualmente, en 1878, la reja de entrada al recinto; en 1880, una casa para Salvador Pagès; un plano general de la fábrica, en 1881, en el que aparece la urbanización con las casas obreras y el casino junto a las naves de la factoría, cuyo proyecto general era del ingeniero Brunet. En 1878 realizó un proyecto de captación de aguas de la riera de Caldas, en Palau de Plegamans. Se conserva en el Archivo de la Corona de Aragón. También proyectó en 1878 dos vidrieras para la capilla de Casa Pujades de Vallgorguina propiedad de la familia Valls. Una dedicada a San Miguel y la otra a los monogramas de Jesús, María y José. En 1883 presentó el proyecto de la báscula y la portería; en 1884, un proyecto de bandera para un desfile, y en 1885, la decoración de la sala de blanqueo para una interminable fiesta cívica, en la que niños y niñas de la escuela de la cooperativa recitaron versos y cantaron canciones debajo del decorado de Gaudí, que representaba un frondoso bosque con una auténtica cascada. La fiesta estuvo presidida por el diputado republicano señor Morayta, que, como fin de fiesta, largó un aparatoso discurso político.

Los coros de niños fueron acompañados al piano por la señorita Pepita Moreu, maestra en las escuelas de la cooperativa, y aquí es donde entra la parte sentimental del asunto. Diversos autores han afirmado que Gaudí anduvo enamorado de la señorita Moreu, y ello es cierto, según testimonios presenciales del idilio; pero este amor, tan romántico como los ideales obreristas de la fábrica, no llegó a convertirse en noviazgo por la sencilla razón de que Gaudí llegó tarde. Según refirió la propia Pepita Moreu, cuando Gaudí le insinuó su sentimiento se limitó a enseñarle el anillo de compromiso que llevaba en un dedo. La cosa terminó aquí. Pepita Moreu estuvo casada con un comerciante de maderas apellidado Palau y luego se casó con Ignacio Caballol y tuvo un hijo, Bienvenido Caballol Moreu, que fue arquitecto.

De la cooperativa, que acabó fracasando económicamente, resta como obra de Gaudí la sala de blanqueo construida con arcos catenáricos de madera según el sistema del arquitecto renacentista francés Philibert de L'Orme, y un pabellón de servicios de forma cilíndrica con aplicados cerámicos. Queda la duda de si la continuada relación de Gaudí con la cooperativa se debía a inquietudes sociales o a impulsos amorosos. De todas maneras, la causa era del todo romántica y muy propia de aquellos tiempos del vapor. Los primeros trabajos para la cooperativa aparecen firmados por Gaudí y por Emilio Cabanyes Rabassa, ya que Gaudí aún no estaba dado de alta como arquitecto. Cabanyes le prestó, cuando estudiaban, el *Dictionnaire* de Viollet-le-Duc, que le fue devuelto con la encuadernación maltrecha, pero lleno de croquis marginales que indican el estudio que hizo Gaudí de tan famoso libro.

## Otras obras primerizas

En el paseo de Gracia 2 y 4, esquina a Fontanella, ahora plaza de Cataluña-Fontanella, Gaudí proyectó la decoración de la farmacia para don Juan Gibert Soler, natural de Torredembarra y relacionado con los Güell. Se conoce solamente por una fotografía, ya que no existe actualmente, aun cuando hubo una farmacia en el mismo lugar. El mostrador era de marquetería y había un banco de madera muy del gusto de los tiempos primeros de Gaudí. En la puerta estaba el símbolo de Esculapio, con la copa y la serpiente enroscada, y al otro lado, la medalla que le fue concedida en la exposición de París.

En este año de 1879, además de los dibujos para la cabalgata alegórica en homenaje a mosén Vicente García en Vallfogona de Riucorp, Gaudí proyectó la decoración interior de la capilla de las monjas de Jesús-María, en San Andrés del Palomar. La iglesia fue construida por su profesor Juan Torras Guardiola, que era natural de San Andrés, y Gaudí hizo el altar mayor de estilo neogótico, el sagrario de formas bizantinas, los aparatos de iluminación y el mosaico del pavimento. El altar y el sagrario desaparecieron durante la Semana Trágica de julio de 1909; el mosaico, muy restaurado, sigue en el lugar, y los aparatos de iluminación están actualmente en el colegio de Jesús-María de San Gervasio.

Entre 1880 y 1882 construyó el altar para las monjas de esta congregación en la capilla del colegio de Tarragona, inspirado en la capilla del Colegio de las religiosas en Rodez (Francia), donde estuvo interna Rosita Egea Gaudí a la muerte de su madre. En 1880, en colaboración con su amigo el ingeniero José Sarramalera, diseñó unas farolas monumentales para el paseo marítimo de Barcelona, que surgía como consecuencia del derribo de la Muralla de Mar. Imaginó unas altísimas farolas de 20 metros, de las que pendían los nombres de los más famosos almirantes catalanes y los de las batallas navales más destacadas. No se llegaron a construir nunca. En 1881 se presentó al concurso para el Casino de San Sebastián, no siendo premiado y reclamando entonces el envío de su proyecto. Ello demuestra que todavía no tenía una clientela lo suficientemente importante como para absorber todo su tiempo, aunque cada vez se afianzaba más su relación con los Güell-Comillas. Para el marqués de este nombre diseñó un pabellón para los jardines de su palacio de Sobrellano, con motivo de las visitas de Alfonso XII en 1881 y 1882. En este mismo año parece ser que rechazó el encargo de un proyecto de fábrica en Madrid por no ofrecerle el cliente suficientes garantías para el cobro de sus honorarios. En 1882, Gaudí colaboró con Juan Martorell Montells en diversos encargos. Habiendo recibido Martorell de los benedictinos celestinos el encargo de proyectar un monasterio dedicado al Espíritu Santo en Cuevas de Almanzora (Almería), confió a Gaudí el dibujo de la iglesia, que al parecer trazó dentro de un puro estilo neogótico. Con Martorell trabajó también preparando los proyectos de las iglesias de las salesas y de los jesuitas, en Barcelona. Mientras, Martorell había presentado su proyecto de fachada para la catedral de Barcelona, frente a los de Oriol Mestres.

Gaudí delineó primorosamente este plano, que ahora se guarda en el Colegio de Arquitectos de Cataluña. Con todo, el más importante proyecto de este año hecho por Gaudí fue el de un pabellón de caza para don Eusebio Güell, en Garraf, que no llegó a construirse. Se conoce un dibujo que muestra soluciones muy próximas a las que poco después aplicaría a la Casa Vicens y a El Capricho de Comillas. Gaudí se estaba situando.

## La Sagrada Familia

En 1883 Gaudí consiguió tres sustanciosos encargos. Los proyectos de la Casa Vicens, de El Capricho y la asunción de las obras de la Sagrada Familia, a los que hay que añadir el muro de cerca y portería de la finca Güell, en Les Corts de Sarrià.

La Sagrada Familia es un templo expiatorio, cuya primera piedra se colocó el día de San José de 1882, siguiendo un proyecto del arquitecto diocesano don Francisco de Paula del Villar y Lozano, director de la Escuela Provincial de Arquitectura y académico de la Provincial de Bellas Artes de Barcelona.

La idea había nacido a raíz de la proclamación de San José como patrono de la Iglesia Universal en el Concilio Vaticano I. Desde 1866 el librero José M.ª Bocabella Verdaguer había establecido la Asociación de Devotos de San José, con idea de aplicar las teorías sociales de la Iglesia católica al mundo obrero catalán. Publicó un semanario, *El Propagador de la Devoción de San José,* que con una sola interrupción ha llegado hasta hoy y que se edita bimensualmente con el nombre de *Temple.* Bocabella consiguió adquirir toda una manzana del Ensanche en el término de Sant Martí de Provençals, en una zona llamada del Camp de l'Arpa, dentro del barrio del Poblet, y Villar regaló su proyecto, que era muy ambicioso y neogótico.

En la junta del templo estaba Juan Martorell, en calidad de asesor técnico, y sucedió que, iniciadas las obras y excavado el recinto de la cripta, donde tenía que situarse una reproducción de la Santa Casa de Nazaret de la basílica italiana de Loreto, se comenzaron los pilares y muros de aquel recinto con obra de sillería. Martorell y Villar discutieron, pues Villar quería los pilares totalmente de sillería, en tanto que Martorell creía que la parte interna podía hacerse perfectamente de mampostería, sin que ello entrañara riesgo para la estabilidad del futuro templo. Villar no dio su brazo a torcer, pues era muy tozudo, y su recio carácter se comprueba leyendo las actas de la Academia de Bellas Artes en las que figuran muchos votos particulares suyos en contra de la mayoría; se fue a visitar a Bocabella y le manifestó que o bien se hacían los pilares macizos o renunciaba a la dirección de las obras. Como no hubo arreglo, Villar dimitió, y al parecer Bocabella pidió a Martorell que asumiera la dirección, cosa que éste por delicadeza no aceptó, pero propuso a su colaborador de treinta y un años Antonio Gaudí, que fue aceptado inmediatamente. En torno a esto hay también su tanto de leyenda, pues se ha escrito que Bocabella había soñado que el nuevo director tendría los ojos azules y al ver los de Gaudí, zarcos y del color del mar Mediterráneo, se decidió inmediatamente. «Se non e vero e ben trovato.» Al parecer desde el 3 de noviembre de 1883, Gaudí empezó a ocuparse de las obras, y en el mes de abril de 1884 firmó el primer documento en el que se le reconoce como director efectivo de los trabajos del templo.

Para el joven arquitecto era una oportunidad extraordinaria, pues suponía no solamente enfrentarse con una gran obra, sino también la posibilidad de relacionarse con muchos posibles clientes. De otra parte, encontró dónde aplicar sus ideas sobre el templo cristiano expuestas en su dietario juvenil. Gaudí no era partidario del proyecto de Villar, a quien había servido de delineante en las obras del ábside de Montserrat y sobre quien escribió una frase un tanto despectiva en el diario citado. No pudo cambiar la situación del eje mayor de la iglesia, que él hubiera querido orientado de chaflán a chaflán de la manzana, y hubo de terminar la cripta siguiendo lo existente, aunque varió las formas de los capiteles, sugirió la nueva clave de bóveda al escultor Juan Flotats, que labró la *Anunciación a María*, y construyó un foso alrededor del recinto para conseguir luz y ventilación. En diciembre de 1884 firmó el primer proyecto para la Sagrada Familia: el altar de San José de la cripta, inaugurado el día de San José de 1885. Mientras, Villar, muy enfadado, reclamó sus honorarios a Bocabella en una agria discusión mantenida el día de San Jorge de 1884 en la plaza de Santa Ana. Bocabella hizo constar que en 1877 Villar había ofrecido ante notario regalar el proyecto, y que por tanto no tenía derecho a reclamar nada, pues *Quod promissum est de jure tenetur*, tal como hizo constar en la correspondiente acta notarial, recurso al que Bocabella era muy aficionado.

Los primeros tiempos de Gaudí en la Sagrada Familia no fueron de publicidad ni tampoco de fama, ya que el dinero disponible no era mucho y la obra avanzaba lentamente. En el *Propagador*, Gaudí no fue mencionado por su nombre hasta años más tarde.

Sólo se tiene noticia de la firma del pliego de condiciones con el contratista Macario Planella Roura, en marzo de 1884, del proyecto de la capilla de San José, publicado en el *Propagador* en 1885, y de la carta al director de *El Diario de Bar-*

*celona,* firmada por Villar, explicando las razones de su dimisión. La cripta no se cerró hasta 1890, pero ya en 1887 se había construido el edificio de la oficina de obras en la calle Provenza. En marzo de 1885 firmó el plano de planta de la Sagrada Familia, que se presentó al Ayuntamiento de Sant Martí de Provençals.

# 4. Un arquitecto consagrado

1883 es el año de la consagración de Gaudí como arquitecto de renombre. Además de su relación con Martorell y de los primeros contactos con la familia Güell-Comillas, Gaudí recibió el encargo del corredor de cambio y bolsa don Manuel Vicens Montaner para que proyectara una casa en un solar que su madre había adquirido en 1876 en la calle de San Gervasio, hoy Carolinas, en la antigua villa de Gracia. Los planos del proyecto llevan fecha de marzo de 1883, pero Ràfols dio las fechas de 1878-1880 para la construcción del edificio. La confusión puede provenir del hecho de que este último consultó el archivo de Gaudí, donde estaban los dibujos del proyecto, en tanto que la fecha de 1883 procede del expediente de obras del Ayuntamiento de Gracia. Por tanto, es muy posible que Gaudí comenzara a dibujar la Casa Vicens en 1878, pero que no la construyera sino a partir de 1883. La casa fue ampliada entre 1925 y 1927 por el arquitecto Juan B. Serra de Martínez, recibiendo este último año el premio al mejor edificio otorgado por el Ayuntamiento de Barcelona. Serra de Martínez consultó a Gaudí, quien le orientó sobre el proyecto nuevo y le contó algunas cosas de la primera solución. Se inspiró Gaudí en las plantas y flores que vio en el propio solar, situado en una calle muy estrecha que unía la calle Mayor de Gracia con el límite del vecino municipio de Sant Gervasi de Cassoles, límite establecido por el torrente de San Gervasio

Casa Vicens, proyectada en 1883.

o d'En Malla, que lue-go fue calle del Príncipe de Asturias. El terreno estaba entre la medianera del convento de monjas de la caridad de San Vicen-te de Paúl y un callejón sin salida llamado callejón de San Gervasio, perpendicular a la calle.

El proyecto consistió en una casa de semisótano, planta y desván con tres fachadas, quedando pegada a la medianil del convento en su lado de levante. La planta del edificio es alargada respecto a la medianera y presenta un saliente en forma de tribuna en el frente que mira a poniente. Está rodeada de jardín, pero éste se ha visto varias veces ampliado y reducido. Cuando Gaudí construyó la casa, que en 1888 aún no estaba terminada, la fachada de mediodía estaba separada de la calle por un trozo de jardín, donde había unas palmeras y un surtidor de cerámica verde de planta decagonal que en 1983 fue reconstruido, aunque en menor tamaño, en el jardín de la Cátedra Gaudí. Por la parte de poniente, el jardín terminaba con el muro del callejón de San Gervasio, al que Gaudí adosó una cascada de ladrillo visto con un arco parabólico, encima del cual había una galería de finas columnas que sostenían los depósitos de agua, cuyo sobresobrado formaba el goteo de la cascada sobre unas tobas calizas que poco a poco se fueron cubriendo de musgo. En la esquina de este muro con el de la calle Carolinas había un pequeño y gracioso templete angular que desapareció, junto con el surtidor, al ensancharse la calle, que quedó alineada con la fachada de la casa. Entonces (1925) hubo que poner rejas en las ventanas que sólo tenían unos graciosos postigos calados de aire japonés, cosa que hizo el herrero Buenaventura Batlle para Serra de Martínez, creando luego muchas confusiones, pues fueron atribuidas repetidamente a Gaudí sin ser obra suya. Sí es de Gaudí la reja con la hoja de palmito (*Chamaerops humilis*), cuyo modelo en barro preparó el escultor Lorenzo Matamala Pinyol en base a una de las hojas de los palmitos que espontáneamente crecían en el solar. Estas hojas se hallan sujetas a una retícula metálica, en cuyas intersecciones se ven involucros de *tagetes erecta*, o clavel de moro, otra planta espontánea del solar cuya flor Gaudí re-

Detalle de la verja de hierro de la Casa Vicens. En ella, Gaudí repite como motivo esencial la hoja de palmito.

presentó en unas piezas cerámicas que decoran parte de las fachadas.

El propietario tuvo ocasión, mediante un expediente de sobrante de vía pública, de comprar el callejón de San Gervasio, cosa que le permitió unir el jardín de la Casa Vicens con el solar existente entre el callejón y la riera de Cassoles. Serra de Martínez perforó el muro del callejón desaparecido y la cascada se convirtió en un arco o puente, siendo entonces en parte revestida con los azulejos del clavel de moro. La reja del palmito fue repetida y rodeó todo el predio, en cuya parte, junto a la riera de Cassoles, se levantó un edículo cupular en cuyo interior estaba la fuente de Santa Rita. Este templete y gran parte

Decoración de hojas y frutos de madroño que adorna el techo del comedor de la Casa Vicens.

de la reja desaparecieron en 1963 al edificarse aquel lugar. Parte de la reja fue llevada al Parque Güell. La cascada fue demolida en 1946, y aun cuando en 1976 se empezó a reconstruir en los terrenos de Can Carandell, de Reus, las obras se interrumpieron en 1977 y fue demolida en 1999.

La distribución de la Casa Vicens y su estructura son muy simples. Muros de carga de ladrillo y forjados de viguetas de madera. Es en la decoración donde la personalidad de Gaudí dejó su huella. En el semisótano estaban la cocina y las habitaciones de servicio; en la planta, el vestíbulo, el comedor, el fumador, dos habitaciones y la escalera. En el piso están los dormitorios, con hermosa decoración mural esgrafiada.

En el comedor, el entrevigado está decorado con motivos frutales de yeso con un recargado adorno de frutos de madroño y claveles pintados sobre las ménsulas de las vigas. En el muro se halla representada una hiedra trepadora en relieve sobre fondo dorado, el pavimento es de mosaico de *Opus tesselatum* y encima de las puertas esquineras, que forman pequeños distribuidores triangulares, hay esculturas de terracota de Antonio Riba García. Los muebles del comedor están diseñados al tiempo que la habitación y forman un conjunto de armarios, trinchantes y alacenas que a su vez sirven para enmarcar unos espejos y gran número de cuadros al óleo de distintos tamaños de José Torrescasana. El paso del comedor a la galería se hace a través de dos puertas gemelas a cada lado de la chimenea hogar, que está revestida de cerámica y tiene colgando frente a sí, mediante un sutil alambre, un pájaro de loza que se mueve con el aire caliente de la chimenea. En las jambas de estas puertas hay pintados pájaros sobre fondo blanco, de gran realismo, destacando entre ellos el flamenco de largas patas, bicho que llega hasta el umbral de las puertas, pero no quiere nunca estar bajo techado. Estos huecos se cerraban con puertas metálicas correderas Puntí, sistema patentado por el industrial en cuyo taller trabajó el joven Gaudí.

El exterior de la Casa Vicens es una combinación de paramentos de mampostería con verdugadas de ladrillo aplacadas con cerámica, con las consabidas flores o uniformemente verde y blanco.

En el piso alto, la fachada tiene igualmente aplacados cerámicos verdes y blancos, pero dispuestos verticalmente, como si fueran tubos de un órgano, que contrastan con la horizontalidad del esquema del piso bajo. En éste, la tribuna tenía originalmente unos cierres móviles de madera formados por cortos listones con figuras geométricas muy simples de carácter oriental, y en el centro había un surtidor formado por una pileta de mármol, cuyo chorro de agua caía sobre una retícula de delgados redondos de hierro dispuestos como una tela de araña de forma elíptica. El agua formaba alabeadas lá-

Fachada con tribuna de la Casa Vicens. Foto anterior a las reformas.

minas, que al ser atravesadas por los rayos del sol poniente se descomponían en los colores del arco iris. Esta idea de provocar que fueran los elementos naturales quienes crearan los colores es constante en la obra de Gaudí, y tuvo otra forma de manifestarse en las vidrieras de la catedral de Mallorca. En el friso de esta tribuna hay unas leyendas determinadas por la orientación y por el uso. Así, en la parte norte se lee: «Oh, l'ombra de l'estiu» (Oh, la sombra del verano), en la de levante, «Sol, solet, vine'm a veure» (sol, solecito, venme a ver), y junto a la chimenea del hogar, de cara a poniente, «De la llar lo foc, visca lo foc de l'amor» (Del hogar el fuego, viva el fuego del amor), que constituye un canto de amor al hogar y la familia en consonancia con sus escritos de primera época, cuando habla con elogio de la casa solariega.

La casa se cubre con un tejado que no llega hasta las fachadas, pues junto a éstas hay un a modo de paso de ronda enladrillado que permite seguir todo el perímetro, disponiendo incluso de bancos para el descanso, algunos de ellos bajo templetes de perfil parabólico en una de las esquinas. Esta casa debía de tener especiales recuerdos para Gaudí, que mandó pintar un cuadro con una vista de la misma en perspectiva arquitectónica, que dibujó Francisco Berenguer Mestres y pintó Alejo Clapés Puig, ambos estrechamente vinculados al arquitecto. El cuadro medía casi metro y medio de alto por uno de ancho, y lo conservó Gaudí en sitio preferente en su estudio de la Sagrada Familia; figuró en la exposición de sus obras en París, en 1910, y fue destruido en julio de 1936.

La reforma de 1925-1927 casi duplicó la superficie de la casa y causó la desaparición de la escalera original, ya que el edificio quedó dividido en varias viviendas separadas. Actualmente, de la decoración original interior de Gaudí sólo queda el vestíbulo, el comedor y el fumador, con su falsa cúpula de mucarnas o mocárabes, sus muros aplacados con losetas de cartón comprimido, fabricadas por Hermenegildo Miralles, y el arrimadero de cerámica. La puerta angular tiene una graciosa vidriera de colores montada en puertas dobles de madera. En los balcones de

Un rincón de la sala de fumar de la Casa Vicens.

esquina, encima de esta puerta y en las esquinas de la calle, hay unos antepechos abombados que sirven a su vez de bancos decorados con unos *putti* de terracota de Riba García.

La decoración del techo de la tribuna simula el interior de un invernáculo, siguiendo el sistema de techo de los *conservatories* ingleses, en el que se figuran hojas de palmera. Dice Ràfols que alcanzó a ver en el archivo de Gaudí una revista de arte inglesa, quizá *The Builder*, con un diseño casi igual al de la tribuna. En esta obra juvenil de Gaudí se notan las influencias de la escuela de Arts & Crafts, de la arquitectura islámica revalorizada por los románticos, pero especialmente una clara influencia de la arquitectura extremo-oriental hindú, que Gaudí conoció por las colecciones de fotografías adquiridas por la Escuela Provincial de Arquitectura de Barcelona.

Para la familia Vicens, Gaudí diseñó una chimenea y un armario rinconero para la casa que tenían en Alella, donde pasó algunas temporadas. La chimenea, con las iniciales M. V., se conserva en el Museo Gaudí del Parque Güell y es mixta de metal y madera. Cuando estuvo en Alella dibujó el retablo para la capilla del Santísimo, en 1883, pero no se llegó a construir. Se conserva el dibujo, en el que se puede apreciar una interpretación de los textos apocalípticos que tanto gustaron a Gaudí, de los que hizo ya una versión en la puerta del cementerio (1875) y luego en el altar de San José de la cripta de la Sagrada Familia (1884) y en la invocación «Sanctus, sanctus, sanctus» en las torres de dicho Templo. El exultante Gaudí joven nutría su imaginación con los textos de Walter Pater, el *Apocalipsis* de San Juan y las fotografías de Delhi, Bombay y El Cairo para producir poéticas ensoñaciones de forma arquitectónica.

Al mismo tiempo que trabajaba en la Casa Vicens, Gaudí recibió el encargo de proyectar una casa de veraneo para don Máximo Díaz de Quijano, cuñado del primer marqués de Comillas, don Antonio López y López, al pie del palacio de Sobrellano, que para el marqués construyó Juan Martorell en la localidad de Comillas, Santander. Parece que fue levantada la casa, que recibió el nombre de El Capricho, entre 1883 y 1885. La dirección de los trabajos la llevó el compañero de carrera de Gaudí, Cristóbal Cascante Colom (1851-1889), que al parecer dispuso de una muy detallada maqueta preparada por

Gaudí. El contratista de la obra fue José Pardo Casanovas, el mismo del palacio y del panteón del marqués y luego constructor del Parque Güell. Se ha discutido si Gaudí estuvo o no alguna vez en Comillas, pero no queda clara la total ausencia de visitas. Testigos bien informados aseguran que Gaudí y José Llimona, el escultor que hizo el ángel del cementerio, estuvieron por lo menos una vez en Comillas.

Por otra parte, Gaudí y Cascante estaban muy compenetrados, puesto que ambos frecuentaron los talleres de Puntí y Matamala en la calle de la Cendra, y trabajaron para el maestro de obras José Fontseré en el Parque de la Ciudadela. Por desgracia, el archivo de Cascante fue también destruido en julio de 1936, pero los nietos del arquitecto recuerdan una gruesa carpeta llena de dibujos de El Capricho. Cascante actuó desde 1882 en el palacio del marqués, el panteón y El Capricho. Desde 1883, a poco de morir don Antonio López, inició las obras del seminario pontificio, en las que se ocupó hasta su muerte, en 1889, año en que empezó a trabajar allí Luis Domènech i Montaner. La capilla panteón se hizo entre 1881 y 1884, siguiendo el proyecto de Martorell, con muebles de Gaudí y el altar de bronce de Isaura, que Gaudí comentó elogiosamente en su artículo de 1881 en *La Renaixença.* Cascante fue el encargado de montar el pabellón para la visitas reales de 1881 y 1882, que diseñó Gaudí y se realizó en los talleres Puntí.

El Capricho, para un solterón muy rico, es un edificio harto singular, pues tiene forma alargada y se sitúa en la ladera de la colina de Sobrellano, con la fachada principal orientada al norte, sobre un desnivel pronunciado.

En el semisótano, cuyos muros son de cantería, están la cocina y las habitaciones de servicio, más la cochera. En la planta principal, el gran salón, las salas de respeto, el comedor, los dormitorios y el cuarto de baño. Parte del desván es aprovechable como trastero.

La puerta principal está en el extremo noroeste de la casa, precedida de un pórtico de cuatro columnas muy robus-

Villa El Capricho, construida para el marqués de Comillas entre 1883 y 1885 en la localidad santanderina de Comillas.

tas con capiteles formados por hojas de palmito en las que se posan diversos pájaros. Es obra gemela a la de la Casa Vicens,

Pórtico ante la entrada principal de El Capricho, coronado por un balcón de cerrajería claramente gaudiniana.

y estos capiteles fueron modelados en Barcelona por Lorenzo Matamala. Las columnas, inclinadas, sostienen unos gruesos dinteles que se cierran alrededor de una pequeña cúpula atirantada con dos fuertes redondos de hierro, cruzados. Las habitaciones de El Capricho tienen chimeneas hogar y cielos rasos decorativos de madera, que en el cuarto de baño son de madera y planchas de mármol blanco. El salón toma toda la altura del piso más la del desván y su estructura de madera aparece vista, en tanto que los plafones son lisos, de color blanco. Hay una evidente influencia de la Red House de W. Morris. En los ángulos de la fachada hay dos balconeras que se abren sobre unas terracitas cuya baranda de hierro se convierte en un banco, como en la Casa Vicens, y tienen un gracioso dosel de hierro de tipo chino o japonés. Las ventanas son de guillotina con doble cristal y los contrapesos, al accionar la ventana, emiten notas musicales, pues son pequeños tubos sonoros de percusión. Esta ventana musical es otra muestra de la arquitectura poética de Gaudí, de su sentimentalismo romántico, que a veces fue ridiculizado por sus contemporáneos y ocasionó el retraimiento del arquitecto, ya de por sí muy tímido. Encima de la gran cristalera del salón hay tres lucarnas o ventanas abuhardilladas correspondientes a la mansarda, que aumentan la luz del salón. A ambos lados del salón están la sala de visitas y el comedor, que comunica con el *office*, donde está el montaplatos que se halla encima de la cocina. Más allá del comedor hay un amplio dormitorio con salida a una terraza situada sobre la cochera. Si la fachada del semisótano es de piedra, con cierto aire gótico, la de la planta es de alternancia de ladrillos amarillos y rojos con verdugadas revestidas con piezas cerámicas en relieve que representan hojas o bien girasoles idénticos a los de la Casa Vicens. La parte alta de esa fachada de ladrillo tiene un alero de amplio vuelo con canecillos escalonados, revestidos de cerámica verde. La cubierta era de tejas vidriadas verdes, que en 1914 fueron sustituidas por planchas de fibrocemento de color rojo oscuro que en la última restauración se sustituyeron por tejas morunas sin vidriado. Se sabe que la cumbrera del tejado tenía prevista una crestería con el nombre del propietario y de la localidad. En las obras de 1914 se aña-

Remate de la torre de El Capricho, elemento que confiere identidad a este original edificio.

dió un cuerpo de edificio en la fachada posterior que desvirtuó el aspecto original, recuperado después de la última restauración. Se hizo con terraza, lo que provocó humedades y luego fue cubierto con armaduras que nada tienen que ver con las originales de Gaudí. Sin embargo, se ha conservado la torre del noroeste, graciosa construcción cilíndrica que contiene una escalera de caracol que permite llegar a la terracota superior, de barandilla de hierro de trazado chino y delgadísimas columnas de hierro colado con chato capitel dórico, que sostiene un sombrerete de forma simple y geométrica basado en un juego de cubos que tiene algo del interior de la fachada del Nacimiento y de los ventiladores de la Finca Güell. En conjunto, El Capricho recuerda el proyecto de embarcadero que Gaudí realizó para el examen de premio extraordinario de proyectos en la escuela. En este proyecto hay dos torres y una sola en El Capricho, pero el espíritu es el mismo. Es ciertamente curioso tener en cuenta que Gaudí, al mismo tiempo, proyectara la sala de blanqueo de Mataró para una cooperativa obrera, la casa de un burgués en Gracia y la *garçonnière* de un noble en Comillas. No se puede decir que tuviera escrúpulos sociales. Al igual que toda su vida profesional, Gaudí hizo arquitectura entendida como obra de arte, en lugar de manifiestos arquitectónicos preñados de mensaje social.

La tercera gran obra del periodo que se ha dado en llamar mudéjar de Gaudí –por llamarlo de algún modo, puesto que la semejanza entre el mudéjar y estas tres construcciones gaudinianas es pura anécdota– fue el conjunto de edificios y complementos de la finca que don Eusebio Güell Bacigalupi había comprado en Les Corts de Sarrià. Esta finca, llamada Can Cuyàs de la Riera, se unió a otra denominada Can Feliu, formando en conjunto una superficie de treinta hectáreas situadas entre las tapias del cementerio de Les Corts y el límite con el término de Sarrià.

En este enorme terreno y en su parte más alta había una casa que fue adecuadamente arreglada para vivienda de la familia Güell y para la que Juan Martorell proyectó una capilla de estilo gótico, muy sencilla. A partir de 1884, Gaudí fue encargado por don Eusebio de proyectar el muro de cierre, las puertas, los pabellones de entrada, unas fuentes, un umbráculo y diversos complementos en el edificio principal.

Fue una tarea en la que Gaudí invirtió varios años, al menos hasta 1887. En el edificio principal modificó la cornisa, a la que añadió en las esquinas la «G», inicial del dueño. En la azotea construyó una salida de escalera que es el anticipo de lo que años más tarde hizo en el terrado de *La Pedrera*. La salida de escalera o *badalot*, en catalán, era aprovechada para colocar a los lados unos bancos y una nueva escalera para alcanzar un mirador encima de la puerta. Desapareció en las reformas de 1919 a 1924, pero hay al menos dos fotografías que muestran este elegante edículo decorado con cerámica vidriada verde y blanca. También construyó varias chimeneas, cuyos sombreretes son el antecedente de las que poco después hizo en el terrado del palacio de la calle Conde del Asalto o Nou de la Rambla. En el jardín construyó un umbráculo con perfiles laminados de forma parabólica, que se ha mantenido hasta el presente dentro del parque. Frente a este umbráculo y al otro lado de la fachada principal de la casa, que luce unos aparatosos esgrafiados dieciochescos, fue localizada en 1983, oculta entre hiedras y bambúes, una fuente por demás interesante. De esta fuente se sabía por una carta de mosén Collell, canónigo de Vic, a quien Jacinto Verdaguer había pedido una frase latina para colocar al pie de una fuente que Gaudí había realizado debajo de un busto romano. La fuente tiene en planta forma de arco de círculo y es un muro de mampostería con un banco de piedra pulida, en cuyo centro está el pedestal para sostener un busto que representaba Hércules con el casco. Debajo del pedestal está el caño de la fuente, que tiene forma de dragón chino con cabeza escamosa y cuerpo retorcido. El agua cae en una pileta en cuyo frente está el escudo de Cataluña, y al ser más cortas las barras incisas hace que por ellas se deslice el agua al sumidero.

En la zona baja había otra fuente dedicada a Santa Eulalia, ya que Gaudí quiso imaginar que por allí pasó la niña sarrianesa que marchó a Barcelona a confesar su fe cristiana y a sufrir martirio bajo el pretor Daciano. No hay ningún testimonio gráfico de la misma. Un poco más arriba había un mirador sobre el muro de cerca formado por arcos parabólicos que sostenían un muro de celosía triangular de ladrillo y la plataforma circular en voladizo. Hay dos fotografías de este mirador desaparecido que permiten hacerse perfecta idea de su aspecto. Había igualmente, y sólo conocido por una fotografía de 1893, un picadero de caballos de silla con puertas de ladrillo visto, cuyas formas decorativas estaban compuestas solamente por los propios ladrillos.

De las tres puertas que Gaudí abrió en el muro de cerramiento de la finca, una está frente a la tapia del cementerio de Les Corts y es de ladrillo y aplacado de azulejos blancos y verdes. Se conserva en la zona de cultivos de la Facultad de Biología de la Universidad de Barcelona. Se cerraba con puerta de madera y hierro de dos hojas, y parte de la reja metálica, con unas formas que recuerdan coronas, se conserva en el jardín del Museo Gaudí del Parque Güell. La otra puerta fue demolida al construirse la Facultad de Farmacia, pero se hizo de nuevo muy cerca de su punto original. Es de un solo arco rebajado, de ladrillo visto y cerámica verde y blanca. El cierre de hierro de forja no se conservó, pero se conoce por una fotografía de Canosa publicada por Ràfols.

La tercera puerta es la principal y se halla entre dos edificios al final de la carretera particular Güell, hoy paseo de Manuel Girona, que une la finca de don Eusebio con la carretera de Sarrià. Se halla junto al camino de Torre Melina –hoy se le ha dado el nombre de George R. Collins (1917-1993) insigne gaudinista norteamericano, primer Doctor Honoris Causa de la Universidad Politécnica de Cataluña en 1977–, en la esquina con la avenida de Pedralbes, antigua derivación de la Riera Blanca.

La puerta está formada por una descomunal reja de hierro que representa a un dragón encadenado que gira sobre un solo eje sujeto a un pilar de ladrillo, en cuya cima hay un naranjo de antimonio. Fue realizada en 1885 en los talleres de Ramón Vallet y Piquer, de la calle Llúria. Esta puerta es la de carruajes, en tanto que la de peatones está adyacente y es también un buen ejemplo de hierro forjado con perfiles muy gruesos.

El naranjo y el dragón determinan el simbolismo de esta puerta, que alude al jardín de las Hespérides, donde Ladón, el dragón, guardaba el manzano de frutos de oro, es decir, el naranjo, junto con Eglé, Aretusa e Hiperetusa, las tres doncellas hijas de la Tarde, en un lugar que tanto se sitúa en los países hiperbóreos como cerca de Bengasi, en Libia.

Verja de la Finca Güell, con el dragón de hierro forjado.

Pormenor de la decoración del muro de la Finca Güell.

Jacinto Verdaguer, asiduo de la casa Güell, bautizó la casa de Les Corts como la torre Satalía, ciudad del Asia Menor famosa por sus cítricos. Verdaguer escribió *L'Atlàntida*, poema épico en el que relata de nuevo el undécimo trabajo de Hércules, que fue a robar las naranjas de las Hespérides por orden de Euristeo, rey de Micenas, y para ello tuvo que matar o encadenar al dragón. Verdaguer añade un capítulo final, en que se relata cómo Hércules no sólo robó las naranjas, sino también la rama cimera del árbol que transportó a España, donde de nuevo la plantó, dando lugar a otro jardín hesperídico que podía localizarse en Les Corts de Sarrià y en la casa Satalía, donde vivía Güell y también su suegro, el marqués de Comillas, a quien en 1877 dedicó *L'Atlàntida* con los versos:

*Muntat de tos navilis en l'ala beneïda*
*busquí de les Hespèrides lo taronger en flor...*
*(Montado en el ala bendecida de tus navíos,*
*busqué el naranjo en flor de las Hespérides...)*

Verdaguer se refiere a sus viajes como sacerdote asignado a los buques de la Compañía Transatlántica, propiedad del marqués de Comillas. Junto al dragón hizo Gaudí la casa del portero, la caballeriza y el picadero, construcciones interesantísimas desde el punto de vista de materiales y técnica, pues empleó sabiamente la piedra, el ladrillo, la tapia y los revocos, pero muy especialmente los arcos parabólicos y las bóvedas tabicadas de perfil parabólico o hiperbólico de revolución. Esto, juntamente con la decoración geométrica y polícroma (en este edificio Gaudí utilizó por vez primera el mosaico de azulejo troceado, en catalán *trencadís*), debieron de llamar la atención de Güell, pero muy especialmente el simbolismo del dragón con sus referencias mitológicas y su relación con Verdaguer, al que Gaudí conocía de las asociaciones de excursionismo y con el cual mantuvo buenas relaciones hasta la expulsión del sacerdote del palacio de Comillas por razones que ahora no vienen a cuento.

La *tenuta* Güell se convirtió, por obra y gracia de Gaudí y Güell, en una especie de villa medicea, solamente que en lugar de estilo renacentista los aires tenían todo el sabor de la primera época de Gaudí. Aquel estudiante un tanto díscolo, con escasos medios y pocas relaciones en Barcelona, se vio transformado en pocos años en el arquitecto de las dos familias más poderosas de la ciudad y director de un significativo templo, el de la Sagrada Familia, que era el exponente de la piedad de la importante asociación josefina.

La Finca Güell fue troceada a la muerte de don Eusebio y una parte del jardín con la casa pasó a la familia real española, siendo actualmente palacio y jardines de Pedralbes, en tanto que el resto se dividió en parcelas y se urbanizó. Buen número de ellas fueron adquiridas por la Universidad para la nueva ciudad universitaria, utilizándose los pabellones de entrada desde 1967 como sede de la Cátedra Gaudí, dedicada al estudio de la obra del maestro. Lo que fuera caballeriza es ahora biblioteca y centro de estudios, y el picadero sirve de aula y museo.

Con la Casa Vicens, El Capricho de Comillas y la Finca Güell, puede decirse que Gaudí definió plenamente su personalidad, y a continuación recibió el encargo del palacio Güell y del episcopal de Astorga, obras ya de altos vuelos.

## Los palacios de Barcelona y Astorga

Por si don Eusebio podía aún albergar alguna duda sobre el valor de Gaudí como arquitecto, las obras en su finca de Les Corts le debieron convencer definitivamente. Por esta razón le encargó el proyecto de su nuevo palacio-residencia en la calle Conde del Asalto o Nou de la Rambla. La zona elegante de Barcelona era entonces la calle de Fernando, que había heredado tal privilegio de la de Escudellers. La calle del Conde del Asalto, hoy llamada Carrer Nou de la Rambla, estaba en la zona llamada del Arrabal, en las huertas de San Beltrán, al

Rampa de acceso a la caballeriza del palacio Güell.

otro lado de la Rambla, y no tenía el prestigio de la *rive gauche* de tal arteria, antiguo torrente, pero se da la circunstancia de que don Juan Güell Ferrer (1800-1877), padre de Eusebio Güell, poseía en la Rambla de Capuchinos una casa que levantó el maestro de obras Pedro Casany. Pensó el hijo que podría unir las dos casas a través del patio de manzana y adquirió unos solares en la calle Conde del Asalto. Gaudí hizo el proyecto de la mansión, firmándolo el 30 de junio de 1886, aunque parece que el año anterior estaba ya listo e incluso se había distribuido entre los constructores para recibir ofertas de contrata. Independientemente de su valor arquitectónico, este palacio

Fachada del palacio Güell, en la barcelonesa calle Nou de la Rambla. La solución dada a esta fachada es una de las más singulares de Gaudí.

tiene un profundo sentido social, pues fue visitado por numerosas personalidades, fue escenario de reuniones literarias y artísticas y conocido en el extranjero a través de diversas publicaciones. Oficialmente fue inaugurado en la primavera de 1888, con motivo de la Exposición Universal de Barcelona. Visitaron la casa la reina regente, doña María Cristina de Habsburgo, la infanta María Eulalia de Borbón y don Antonio de Orleans. En otra ocasión estuvo allí Humberto I, rey de Italia, y en ella también se registró la visita del presidente de Estados Unidos, Grover Cleveland. Las obras continuaron con trabajos complementarios hasta julio de 1889, tal como Gaudí manifestó en una carta al obispo de Astorga.

Desde sus cimientos, la casa llamó la atención de críticos y curiosos. Santiago Rusiñol, en 1889, publicó unos comentarios satíricos diciendo que habían sido hallados unos sótanos babilónicos en la calle Conde del Asalto, refiriéndose a las columnas de ladrillo visto, fuste grueso y cilíndrico con capitel fungiforme que hay en la caballeriza del palacio. En los chistes de las revistas de entonces se comparaba el palacio con una cárcel y se cuenta que cuando Güell y Gaudí observaban cómo el cerrajero Oñós colocaba el escudo de Cataluña de hierro batido en la fachada, dos transeúntes comentaron que aquello era muy raro y muy feo. Gaudí quedó un tanto corrido, pero Güell añadió: «Pues ahora aún me gusta más». Esta comprensión de Güell por el arte gaudiniano se mostró en muchas ocasiones a lo largo de la obra. De las distintas soluciones de fachada que Gaudí presentó, Güell escogió la más atrevida, la que tenía puertas de arco catenárico. En una ocasión en que el administrador de Güell, el poeta mallorquín Ramón Picó i Campamar, mostró los cuantiosos gastos ordenados por Gaudí en la obra, respondió: «¿Sólo esto?».

En la obra colaboraron excelentes artesanos, entre los que cabe mencionar al contratista Agustín Massip, que luego construyó la cripta de la Colonia Güell; Juan Torras Guardiola, profesor de la Escuela de Arquitectura, que suministró los hierros estructurales producidos en Torras, Herrería y Construcciones; Juan Oñós y J. Gabarró, cerrajeros y forjadores de hierros artísticos; Julián Soley y Eudaldo Puntí, carpinteros y ebanistas, y los hermanos Ventura, marmolistas. También intervino el decorador Antonio Oliva, que se anunciaba como alguien capaz de hacer imitaciones perfectas de cualquier objeto con material distinto del original. El capítulo de la decoración tuvo ciertos sinsabores para Gaudí, pues el tal Oliva hizo una alacena en el muro de mármol del gran salón cuya puerta de madera imitó tan perfectamente la piedra que dio el pego a Gaudí; éste, cuando se enteró, se puso como una fiera y dijo que el arte es una cosa muy seria y que nunca debía falsearse con imitaciones. Por otra parte, ciertos aspectos

Galería de la planta noble del palacio Güell con arcos y columnas de piedra de Garraf.

de la decoración, como el arrimadero y la chimenea del comedor, fueron encargados por Güell al arquitecto Camilo Oliveras Gensana, a quien, siendo muy amigo de Gaudí, no debió gustarle demasiado la intromisión de otro técnico. Oliveras, al parecer, hizo una observación a Gaudí, que contestó: «Perdona, ya no lo haré más; otra vez, cuando tenga que proyectar, te lo consultaré primero a ti». Camilo Oliveras apadrinó a Gaudí para el ingreso en la Asociación de Arquitectos de Cataluña en 1879.

El palacio Güell es tan distinto a las construcciones contemporáneas de Barcelona que sirvió para acreditar definitivamente a Gaudí. La entrada con arcos parabólicos, las bóvedas

planas de la planta baja, la caballeriza subterránea son ya elementos muy especiales, como lo son los salones del piso noble con artesonados decorativos, que constituyen al mismo tiempo estructuras portantes y sobre los que no hay vigas. Con todo, el palacio tiene dos lugares extraordinarios. El gran salón central, cubierto con una doble cúpula, perforada la inferior para

Detalle de la tribuna de la fachada posterior del palacio Güell.

◄ Escudo de Cataluña entre los dos portales parabólicos de la fachada del palacio Güell.

dejar el paso a la luz, que entra por innumerables ventanas abiertas en la superior, que es de forma cónica. Una capilla, un órgano y muy interesantes pinturas de Alejo Clapés con escenas de la vida de Santa Isabel. En el primer piso hay una chimenea-hogar de mármol con decoración incisa polícroma de Alejandro de Riquer. El segundo punto es la azotea, con veinte chimeneas, todas distintas, con atrevidas composiciones de ladrillo o de troceado cerámico. Como años más tarde en la Casa Milà, Gaudí compuso un terrado arquitectónico pensando que el edificio es unitario y tanta importancia merece una azotea de servicio como el principal salón.

El señor Güell quedó encantado con su palacio, y a las visitas de personalidades que asistieron a la inauguración siguieron otras. Procuró también que se conociera en el extranjero y fue publicado en revistas europeas y americanas. Los socios del Centre Excursionista de Catalunya lo visitaron oficialmente en 1894, y a raíz de ello José Puiggarí escribió una memoria dando cuenta de la detenida visita, que duró tres horas, en la que comprendieron que aquel cúmulo de novedades y riquezas contribuía a convertir la morada en un maravilloso palacio de hadas, como si por arte y virtud de la varita mágica de alguna Scherezada hubiesen tomado cuerpo todos los sueños de los cuentos orientales, quedando de pronto materializados y convertidos en realidad.

Este palacio se puede considerar como un símbolo de la *Renaixença* de Cataluña, expresión material de la prosperidad y del afán cultural de la burguesía catalana, empeñada en el resurgimiento de la lengua y la protección decidida a los artistas más destacados. El escudo de Cataluña, de hierro forjado, en la puerta fue todo un símbolo.

Mientras se ocupaba de la construcción del palacio de su amigo y mentor, Gaudí recibió un encargo muy especial.

Al poco de tomar posesión de la diócesis de Astorga el obispo Juan B. Grau Vallespinós, hijo de Reus, se incendió el palacio episcopal, y el nuevo obispo decidió encargar el proyecto a su paisano Gaudí, a quien conocía de los tiempos en que fue vicario episcopal de Tarragona y bendijo la capilla del colegio Jesús-María de aquella capital, al que asistió Rosita Egea Gaudí, sobrina del arquitecto, que proyectó el altar de la capilla.

Gaudí aceptó con entusiasmo y pidió fotografías de Astorga, leyendo además los libros de J. M. Quadrado sobre aquellas tierras, que, de momento, no podía visitar personalmente por estar retenido por sus obras en Barcelona. Sucedía esto en 1887 y el obispo quedó encantado con los planos que le envió el arquitecto. Sin embargo, por ser sufragada la obra por el Ministerio de Gracia y Justicia, tuvo que someter el proyecto a la censura de la Academia de San Fernando de Madrid, que nombró ponente al marqués de Cubas, el arquitecto de la Almudena, quien puso muchas objeciones al proyecto de Gaudí, provocando la irritación de éste. Por fin, después de concluidos todos los trámites administrativos, se pudo colocar la primera piedra el día de San Juan de 1889. Es interesante detenerse en el estudio del obispo Grau, ya que la relación que mantuvo con Gaudí fue muy formativa para el arquitecto, pues a su lado aprendió mucha liturgia, en especial la que por entonces se llamó moderna, y que supuso una renovación en la Iglesia. El obispo Grau, como vicario general de la archidiócesis de Tarragona, actuó con plenos poderes cuando se ausentó el titular para asistir al Concilio Vaticano I en 1869, y tenía gran experiencia pastoral. Era partidario de la reforma litúrgica. Sus ideas fueron expresadas en la revista por él creada, *El Criterio Tridentino.*

Tal como contó Luis Alonso Luengo, cronista de la villa de Astorga y profundo conocedor de la historia del palacio, Gaudí visitó Astorga varias veces y se alojó en el seminario, que era igualmente la residencia provisional del obispo. Compartió la mesa con el prelado y mantuvieron interesantes diálogos sobre el significado del arte en la liturgia. En la catedral de Astorga está el grandioso retablo mayor de Gaspar Becerra. Según el criterio del obispo Grau, ni el retablo ni el coro son elementos adecuados para el mejor desarrollo del culto, puesto que el altar, según su opinión, debía estar aislado, tener en lo alto la cruz y, en derredor, los presbiterios. Por esta razón sobraban el retablo y más aún el coro en el centro de la nave, que impide la presencia de los fieles. A Gaudí le sorprendía esta opinión, dada la calidad artística del retablo y de las tallas del coro, pero comprendió perfectamente la idea, que luego

aplicó en Palma de Mallorca de manera brillante. Quiso suprimir el conopeo o manto que cubría el sagrario, por considerar que impedía la visión de la magnífica pieza de orfebrería, y preparó un informe que el obispo hizo suyo y mandó a Roma, obteniendo una respuesta negativa, aunque el tiempo le dio la razón, pues acabaron por desaparecer los conopeos de los sagrarios.

En la obra de Astorga, Gaudí utilizó dos materiales a los que confirió especiales aplicaciones. El granito blanco del Bierzo fue utilizado para los muros y las columnas, aplicándole una escultura sin demasiadas filigranas, pues la dureza y la textura del material lo impedían, y los ladrillos vidriados de los hornos del pueblo de Jiménez de Jamuz, de color rojo oscuro, se emplearon en los nervios de las bóvedas ojivales cuatripartitas, cuyos témpanos son de bóveda tabicada.

Con el recio granito levantó el pórtico ante la puerta principal con enormes dovelas de piedra y forma alabeada, que costó gran trabajo mantener en su sitio. Gaudí se ocupó personalmente de la colocación de estas dovelas, ayudado por el segundo maestro de la obra, el astorgano Pedro Luengo. El conjunto es de gran efecto y digno ingreso al gran palacio, que tenía que rematarse con las figuras de los ángeles metálicos portadores del báculo y la mitra. La muerte inesperada del obispo Grau, en 1893, a consecuencia de un accidente, puso fin a la intervención de Gaudí en la obra, pues regañó con los canónigos y presentó la dimisión. Veinte años más tarde, el obispo Diego Alcolea intentó el retorno de Gaudí a la dirección de las obras, que nunca más fueron reanudadas, hasta que, comprendiendo el obispo que no convencería a Gaudí, a pesar de que fue a visitarle a Barcelona y ambos almorzaron en casa de don Eusebio en el Parque Güell, la parte superior fue concluida por el arquitecto diocesano de León, Ricardo Gar-

◀ Vista de la fachada principal del palacio episcopal de Astorga. En esta ocasión, Gaudí utilizaría el granito blanco del Bierzo para los muros y las columnas.

cía Guereta, que cambió la solución de cubiertas propuesta por Gaudí.

A la muerte del obispo Grau, Gaudí preparó el catafalco en la capilla del seminario y la lápida de la tumba en la capilla de la Inmaculada de la catedral.

El arquitecto se había preocupado desde joven de la posibilidad de obtener las mejores condiciones para los templos, había estudiado el simbolismo, especialmente el del *Apocalipsis* de San Juan, para aplicarlo a la arquitectura. En Astorga se formó en el concepto de la restauración litúrgica, merced a las clarividentes opiniones del obispo Grau. Estas opiniones serían luego ampliadas y perfeccionadas por el trato con otro sacerdote, don Enrique de Ossó Cervelló, fundador de las teresianas.

# 5. Grandes proyectos y profundas desilusiones

## La Exposición Universal de 1888

Puede decirse que la expresión arquitectónica de la *Renaixença* catalana se plasmó en la Exposición de 1888. En un principio se planteó como una organización de carácter privado a cargo del señor Serrano de Casanovas, que obtuvo una concesión del Ayuntamiento para utilizar el recinto del parque de la Ciudadela. La empresa era de pocos vuelos y trató de aprovechar las construcciones existentes en el recinto. El umbráculo, proyectado por José Fontserè en 1883, hubiese sido convertido en sala de sesiones, para lo cual se tenía prevista una techumbre y una reforma de la fachada. El intento fracasó y el Ayuntamiento retiró la concesión y emprendió por su cuenta la organización de la exposición, que se inauguró en mayo de 1888 en el palacio de Bellas Artes, en un acto presidido por el rey Alfonso XIII, que contaba dos años de edad, y por la reina regente doña María Cristina de Habsburgo.

Fue director de los trabajos de la exposición el también director de la Escuela de Arquitectura, Elías Rogent, y en la misma actuaron prácticamente todos los arquitectos de Barcelona. Augusto Font hizo el palacio de Bellas Artes; Jaime Gustá, el de la Industria; Pedro Falqués, el de Agricultura y el de Congresos; Domènech i Montaner, el hotel Internacional y el restaurante; José Domènech Estapà, el pabellón de ofici-

Retrato de Antonio Gaudí para la tarjeta de la Exposición Universal de 1888. Al pie puede verse su personalísima firma.

nas y el de la Santa Sede; José Vilaseca, el Arco de Triunfo; Adriano Casademunt, la sala de máquinas; Cayetano Buigas, el puente sobre el ferrocarril y el pabellón de la sección marítima.

Gaudí no podía quedar al margen del evento, dado su ya reconocido prestigio, a pesar de que el grupo de arquitectos alrededor de Domènech i Montaner trató de monopolizar los encargos. (Muy significativo es que a Juan Martorell no se le encargara nada.) El alcalde de Barcelona, don Francisco de P. Rius i Taulet, dirigió un oficio a Gaudí encargándole la decoración del Salón de Ciento del Ayuntamiento y de la escalera de honor. Estas obras eran necesarias, toda vez que durante su estancia en Barcelona la reina regente y su augusto hijo tenían que hospedarse en el Ayuntamiento, ya que el palacio de la plaza de este nombre se había incendiado en 1875 y fue demolido luego. Gaudí realizó este proyecto, incluido el presupuesto, y cuando se esperaba su aprobación definitiva y el inicio de las obras en abril, sin que se conozca exactamente el motivo, fue transferido a Luis Domènech i Montaner. Aunque no con carácter oficial, Gaudí intervino en la Exposición de 1888 mediante el encargo del marqués de Comillas de montar en la sección marítima el pabellón de la Compañía Transatlántica que el año anterior había figurado en la exposición naval de Cádiz. Añadió al pabellón inicial, diseñado por el maestro de obras García Cabezas, unas altas torres de tipo nazarita y unas persianas de madera que recuerdan las de la galería de la Casa Vicens. Este pabellón fue muy celebrado y subsistió hasta la construcción del paseo Marítimo.

Todavía hubo otra presencia de Gaudí en la Exposición, y fue la presentación de sus dibujos arquitectónicos en la sección artística. Por desgracia, los entregó fuera de plazo, y por esta razón no figuran en el catálogo. En el Museo de Reus se conserva la tarjeta de expositor de Gaudí con su fotografía, en la que aparece con la cabeza rapada y su característica firma al pie. En la Sagrada Familia se guardan los modelos de yeso con caracteres más o menos arábigos donde se lee «Compañía Transatlántica» y que formaron parte del pabellón. A este respecto, en un artículo del arquitecto Buenaventura Bassegoda Amigó, que fue auxiliar de las obras de la sección marítima, explica cómo una tarde acudió a visitar la sección marítima Luis Domènech i Montaner acompañado del director de *El Correo* de Madrid, señor Ferreres, y de don Benito Pérez Galdós. Por casualidad se hallaba Gaudí en el pabellón dando órdenes a unos operarios, pues aún no se había terminado, y les hizo los honores explicando que por la mañana esperaban la visita de la reina regente, pero que, habiéndose retrasado tal visita, podía ofrecerles unos bocadillos y unas copas de jerez, así como unos habanos que fueron preparados para la visita regia.

Ésta podría ser una prueba del carácter epicúreo y *bon vivant* que se le ha atribuido algunas veces a Gaudí. De hecho sólo muestra a un arquitecto relacionado con lo mejor de la sociedad, aunque independiente y no integrado en el aparato oficial.

## El colegio teresiano

Al tiempo que Gaudí se ocupaba de los palacios de Barcelona y Astorga, que levantaba el pabellón de la Transatlántica en la Exposición y construía la casa de la oficina técnica en la Sagrada Familia, mientras proseguía la construcción de la cripta, recibió un encargo de índole bien diversa. Enrique de Ossó Cervelló, desde 1994 San Enrique de Ossó, fue un tenaz sacerdote de Vinebre, fundador de la Congregación de Santa Teresa, de religiosas dedicadas a la enseñanza de niñas. Este ejemplar sacerdote, cuya vida ha sido escrita por el cardenal González Martín con trazos certeros y documentados, tuvo que luchar con muchas incomprensiones y dificultades, pero consiguió fundar numerosos colegios y extender su congregación por Europa y América.

En Barcelona había adquirido unos terrenos en la calle de Ganduxer, que entonces pertenecía al término municipal de Sant Gervasi de Cassoles, y allí inició la construcción del colegio y casa generalicia contando con muy escasos medios. En 1888, el edificio iba por el primer piso, siguiendo el proyecto del arquitecto Juan Bautista Pons Trabal (1855-1928). A mitad de 1888, el padre Ossó decidió transferir el encargo a Gaudí, que inició los trabajos con el pie forzado de un edificio levantado hasta el primer piso.

Puede decirse que esta dificultad constituyó un reto para el arquitecto, que se sintió atraído por la personalidad del padre Ossó, con quien tuvo algunos roces, pues, cada uno en su estilo, eran un tanto especiales. Al parecer, el padre Ossó hizo alguna observación acerca del costo de los materiales y Gaudí le respondió diciéndole que se encargara de decir misa, que de la

Colegio de las teresianas de Sant Gervasi de Cassoles, iniciado en 1888.

obra ya se ocupaba él. El edificio de las teresianas se hizo con un aspecto de gran sobriedad, concretando el adorno en los hierros forjados de la puerta o cancela de entrada y en las rejas de las ventanas, amén de unas cerámicas de color rojo oscuro que adornaban las almenas de la azotea y otros puntos de las fachadas. En el centro había un escudo carmelitano de troceado cerámico, que fue destruido en 1936. Es evidente que Gaudí tuvo muy presente las enseñanzas de la santa doctora Teresa de Jesús en el proyecto de este edificio, al que, además, añadió todos los conceptos de la enseñanza moderna, muy adelantada para aquel entonces, incorporando sabias medidas higiénicas y ampliando el campo de estudios de las niñas a zonas de la ciencia y el humanismo, que anteriormente les habían sido prohibidas. Una de las

Cancela de hierro forjado de la puerta de ingreso al colegio de las teresianas.

más sorprendentes realizaciones de Gaudí en este edificio es el patio y los corredores del primer piso, con delgadas columnas que sostienen alargados arcos parabólicos por entre los cuales la luz natural llega hasta el interior de la casa con extremada suavidad. Años más tarde se le encargó la capilla, pero Gaudí discutió con la superiora, que quería solamente una capilla privada, en tanto que él se empeñaba en hacerla pública. Al no haber acuerdo, abandonó el proyecto y su colega Gabriel Borrell Cardona realizó la obra en 1908.

La relación de Gaudí con el padre Ossó coincidió con la obra de Astorga, y precisamente el obispo Grau, siendo vicario de la archidiócesis de Tarragona, examinó y aprobó las Constituciones del Instituto Teresiano en 1882, por cuya razón

Corredor con arcos parabólicos del colegio teresiano. En esta obra sorprende la sobriedad estructural y decorativa desarrollada por Gaudí.

hubo un contacto entre ambos al que no debió de ser ajeno el encargo de la obra a Gaudí. Sea como fuere, la relación de Gaudí con ambos sacerdotes hubo de ser muy formativa para él, y aunque no hay que pensar en una conversión, tal como algunas veces se ha escrito, puesto que Gaudí nunca dejó de ser buen cristiano, es evidente que la personalidad de ambos clérigos debió de influir en el pensamiento de Gaudí.

## La Casa Botines

Mientras Gaudí levantaba el palacio episcopal de Astorga fue requerido por don Mariano Andrés y don Simón

Fernández, comerciantes de tejidos en León y clientes de Eusebio Güell, para que les construyera una casa en la plaza de San Marcelo de la capital leonesa. Fue ésta una obra civil sin la trascendencia del palacio de Astorga, pero situada en el mismo corazón de la ciudad leonesa, ocupando toda una manzana, por lo que se trata de una casa a cuatro vientos. Su aspecto es monumental y su estilo, vagamente gótico. Un sótano almacén, una planta baja comercial, un primer piso con dos viviendas y otros dos con cuatro por planta, más el sotabanco, constituyen esta casa, exteriormente de piedra caliza y cubierta de pizarra.

Precisamente esta cubierta proporciona una cierta idea de la que, de modo semejante pero más complicado, había dispuesto para el palacio de Astorga, sin poder realizarla.

Gaudí contó con un equipo de albañiles catalanes bajo las órdenes de Claudio Alsina Bonafont, hombre de su entera confianza con el que había contado en obras como la casa Vicens, la Sagrada Familia y la casa Botines. El picapedrero era también catalán, Antonio Cantó, y el San Jorge matando al dragón encima de la puerta principal se hizo en yeso en la Sagrada Familia por Lorenzo Matamala.

La presencia de obreros forasteros ocasionó cierto malestar en León, cosa que no sucedió en Astorga, pues allí la obra fue adjudicada por subasta al empresario astorgano Policarpo Arias. Las tribunas angulares en voladizo, cuya ménsula fue apeada durante la construcción, dio lugar a comentarios sobre la posible inestabilidad del edificio: «La casa Botines se cae», decían los chiquillos por la calle. Se dice que algunos profesionales leoneses aventuraron la hipótesis de la poca estabilidad de la construcción, que Gaudí realizó sin otros muros que los de fachada, pues interiormente la planta baja se sostenía sobre pilares de fundición. La reacción de Gaudí fue muy propia de su fuerte carácter. Al conocer los rumores dijo que quería estos informes por escrito para enmarcarlos y colocarlos en los muros del vestíbulo una vez terminada la obra.

Casa Botines de León, uno de los edificios neogóticos de Gaudí. ▶

Gaudí mantuvo una buena amistad con sus clientes, los señores Fernández y Andrés, encargados que fueron de Juan Homs i Botinás, comerciante catalán fundador de la razón social para la venta de tejidos. Gaudí dedicó a don Mariano Andrés una fotografía del proyecto de las Misiones Católicas de África, terminado en 1893, uno de los diseños predilectos del arquitecto, que una vez más mostró su personalidad, regalando la fotografía de un proyecto y no un retrato. La Casa de los Botines se hizo remitiendo desde Barcelona planos con muchos pormenores, dado que el arquitecto no podía estar a pie de obra constantemente, como acostumbraba a hacer. Es un ejemplo de neogótico civil, harto personal, y demuestra un gran desenfado, pues hacer neogótico tan cerca de la catedral de León, o *Pulchra leonina*, era todo un atrevimiento, por dos razones. En primer lugar, porque la catedral gótica es de por sí atemorizante para cualquier arquitecto que quisiera reutilizar el estilo, y en segundo lugar, porque ésta había sufrido ya una restauración que suprimió sus elementos platerescos por otros góticos, y habiendo ejemplos tanto del gótico real como del neogótico, era muy difícil seguir una nueva vía, tal como Gaudí hizo. Los planos del proyecto son conocidos gracias a unas copias que fueron colocadas en un tubo de plomo, junto con un texto escrito y los habituales periódicos y monedas de la época, debajo de la estatua de San Jorge, en la fachada. Ésta fue desmontada en 1951 para una restauración, lo que permitió hallar los documentos. El edificio es propiedad de Caja España, que ha realizado una completa restauración de la Casa Botines.

## Las Misiones Católicas de Tánger

Éste fue un proyecto en el que Gaudí puso toda su ilusión y que no se llevó adelante. Es muy interesante considerar las circunstancias del encargo, pues le fue hecho a Gaudí por el segundo marqués de Comillas, don Claudio López Bru, hijo de

Proyecto de edificio para las misiones franciscanas en Tánger. Gaudí no consiguió verlo realizado.

Antonio López y López, fallecido en 1883, suegro de Eusebio Güell. La personalidad del segundo marqués fue muy destacada como financiero, patriota y protector de la religión, hasta el punto de que tiene incoado un expediente de beatificación. A la figura de don Claudio López debe añadirse la del padre franciscano José Lerchundi, prefecto de las misiones de África, que con entusiasmo sin límites impulsó la predicación del cristianismo en Marruecos fundando misiones, colegios, talleres y hospitales. Todavía debe sumarse la benéfica acción de otra persona notable, doña María Gayón Berrié, marquesa de Comillas, que presidió la junta de damas que se encargó de reunir los fondos para la construcción de la nueva Misión Católica de Tánger.

El proyecto lo inició Gaudí en 1892, y durante un año estuvo trabajando en él con ahínco. En octubre de 1893 el proyecto estaba listo y constaba de planta, alzado, pormenores de los portales y secciones. En 1891, Gaudí hizo un viaje a Tánger en compañía del marqués para ver el terreno donde tenía que construirse el edificio. Después de una serie de vicisitudes, la idea se abandonó en 1895 sin haberse comenzado las obras. Se ha especulado con las causas del abandono de la idea. Si la guerra de Melilla, si el nuevo proyecto del padre Lerchundi para el sanatorio marítimo de Chipiona, etc. La razón más plausible es el bache económico que pasó el marqués por aquellos años y quizás también las difíciles circunstancias del limosnero del marqués, el padre Jacinto Verdaguer, expulsado de su palacio barcelonés. Verdaguer y mosén Collell, canónigo de Vic, fueron los asesores del marqués acerca del proyecto redactado por Gaudí, que sintió toda su vida no haber podido construir las altas torres de la misión dentro de su estilo, ya totalmente formado. Tuvo que conformarse con utilizar alguna de las soluciones de Tánger en las torres campanario de la fachada del Nacimiento de la Sagrada Familia, que por entonces se empezaban a levantar. Además de la foto que mandó dedicada a don Mariano Andrés, tuvo el proyecto enmarcado en su estudio bien a la vista de todos los visitantes y, muchos años después, comentó con el propio marqués, en una visita de éste a la Sagrada Familia, cuánto lamentó no poder realizarlo.

## Los inicios de la Sagrada Familia

Si bien consta el mes de noviembre de 1883 como el de la entrada de Gaudí como director de las obras de la Sagrada Familia, esta fecha debe corresponder solamente al informe sobre las columnas de la cripta pedido por José M.ª Bocabella Verdaguer a otros arquitectos, en contra del parecer de Francisco de Paula del Villar y Lozano. Estos arquitectos debieron de ser Martorell y Gaudí. De hecho la constancia cierta de Gaudí en la Sagrada Familia no se tiene hasta marzo de 1884, cuando firmó el primer documento como titular de la obra (un nuevo pliego de condiciones), y, en diciembre, cuando hizo el proyecto de la capilla de San José en la cripta, la primera que existió en el recinto, inaugurada el 19 de marzo de 1885, fecha del proyecto general presentado al Ayuntamiento de Sant Martí de Provençals. Como la cripta aún no estaba cubierta la capilla de San José se cerraba con una puerta de dos hojas que luego pasó a una de las sacristías y solamente se abría para los días de culto, tal como hizo luego Gaudí en el *hall* del palacio Güell y, más tarde, en el salón de la Casa Batlló. El 22 de abril de 1892 murió don José M.ª Bocabella, fundador de la Asociación Josefina, enterrado a partir de 1916 en la cripta de su amado templo. La cripta fue cerrada de bóvedas entre 1890 y 1893, y en su clave de bóveda central está la Anunciación, obra de Juan Flotats. El ábside estaba iniciado por entonces y pronto se hicieron los cuerpos de las escaleras de levante y de poniente, que fueron provisionalmente cerradas con bóvedas tabicadas hiperboloidales que tenían unos ventiladores que recordaban los de la Finca Güell en Les Corts. El cuerpo de edificio de la parte baja de la fachada del Nacimiento se comenzó en 1893; al año siguiente se empezó el arranque del claustro a ambos lados de la fachada, y en 1897, se inició la labra de la delicadísima puerta del Rosario en el claustro con una linterna templete en lo alto y una pila bautismal, ahora suprimida, y simétricamente, la llamada capilla de San Jorge, donde se celebraban las bodas. En 1898, Gaudí decidió cambiar la planta cuadrada de las cuatro torres de la fachada del Nacimiento por otra circular que sería la definitiva, muy parecida a la que dibujó en el proyecto de Tánger. Al propio tiempo preparó la primera de las cuatro soluciones de naves y bóvedas. Las torres del Nacimiento no se comenzarían hasta 1903.

## Las bodegas Güell, en Garraf

En enero de 1895, Gaudí firmó un proyecto de almacenes para don Eusebio Güell que se levantarían en el lugar denominado Garraf, al sur de Barcelona, en el término municipal de Sitges. La edificación se terminó en 1897. Se trata de las Bodegas Güell, un edificio lleno de interés construido con ladrillo y piedra del lugar. En aquella zona de la pedregosa costa había unas construcciones medievales que habían pertenecido al cabildo de la catedral de Barcelona, cerca de un monasterio largo tiempo abandonado. El acceso al terreno era muy difícil y hasta bien entrado el siglo XIX no dispuso de una aceptable carretera. En 1878 se construyó el ferrocarril que discurre por numerosos túneles, debido a la accidentada orografía. En aquellos pedregosos bancales se cultivaba una clase de uva que producía un vino de muy poca calidad y que Güell comercializó con el nombre de Sauternes-Garraf para servirlo en los vapores de la Compañía Transatlántica. El edificio de las bodegas era el de la antigua casa de campo medieval, en tanto que lo construido por Gaudí es un cuerpo de edificio pegado a una antigua torre defensiva destinado a almacenes y viviendas, con una capilla en lo alto. La casa tiene forma alargada y sus muros son inclinados como si de una pagoda se tratara. Las chimeneas tienen cierta semejanza con las del proyecto de Tánger. De este edificio hay un aspecto a tener en cuenta y que se refiere a quien fuera realmente su autor. Ya desde antiguo se dijo que era obra de Francisco Berenguer i Mestres, el ayudante de Gaudí que colaboró con él desde 1887 hasta su muerte, en 1914. Sin embargo, el proyecto está firmado por Gaudí, ya que Berenguer jamás consiguió el título de arquitecto. Es evidente que ambos trabajaron en la dirección de la obra, pero Gaudí, en cierta ocasión, dijo, en presencia de Berenguer, que éste era el autor del proyecto, y no él. Con todo, en 1916 aconsejó al arquitecto Amós Salvador que visitara Garraf para ver una de sus mejores obras. Todo esto induciría a confusión si no fuera porque cuando Gaudí hizo su manifestación sobre la autoría de Berenguer, estando éste presente, su colaborador estaba muy enfermo y al poco falleció. Fue un homenaje a un fiel amigo que, además, tuvo parte en la dirección de la obra, como lo hiciera en la Colonia Güell o en la Sagrada

Bodegas Güell en Garraf, terminadas en 1897.

Familia. En el archivo de Berenguer, que se ha conservado, cosa que no sucedió con el de Gaudí, no hay ningún plano de Garraf y solamente un dibujo en perspectiva hecho una vez concluida la obra. El conjunto de arcos parabólicos y chimeneas del edificio principal se complementa con la casita del portero y la reja formada por un tejido de cadenas de gran ingenio.

Ramón Picó i Campamar, el poeta mallorquín protegido por Güell, para quien trabajaba como administrador, escribió un poema titulado *Garraf*, con música de José García Robles, que fue estrenado en el gran salón del palacio Güell. Es un poema un poco wagneriano, con la personalización de los lugares de aquella costa; así, hay un personaje denominado Garraf, y otro, Falconera, que es una de las grutas existentes en el peñascal y por la que discurre un caudaloso río subterráneo que Güell intentó canalizar para el abastecimiento de agua potable a Barcelona.

Todo ello es muy ilustrativo del ambiente en que Gaudí se movía, ente poetas y músicos románticos protegidos por un generoso mecenas que propiciaba los poemas musicados y la más elegante arquitectura en un aparatoso ambiente rocoso, combinándolo todo con un proyecto de abastecimiento de aguas y el cultivo de la viña. Puede decirse que se fomentaba el arte y, además, se cubrían gastos. Poco antes de proyectar este edificio, Gaudí hizo un riguroso ayuno cuaresmal, hasta el punto de que sus amigos creyeron que iba a fallecer de inanición. Ricardo Opisso publicó un dibujo de Gaudí como si fuera un cadáver, en la cama de su casa de la calle Diputación, utilizando el abrigo en vez de colcha y con el papel de las paredes medio desprendido, indicando la total ausencia de sentido del cuidado decorativo que usaba para las casas de sus clientes, pero no para la suya propia. Isidro Puig Boada, el arquitecto tantos años director de la Sagrada Familia, ha manifestado que este ayuno fue la preparación para el proyecto de la fachada del Nacimiento y el punto en el que Gaudí abandonó totalmente las escasas pompas mundanas cultivadas en su juventud, para dedicarse a su menester arquitectónico con la fe de un monje iluminado por el sentido supremo de la arquitectura religiosa.

También en 1895 proyectó Gaudí un panteón para la familia Güell en la montaña de Montserrat. Se desconoce la forma, pues el proyecto no está en el monasterio, pero Ràfols, que vio los planos, dice que era una tumba excavada en la roca con vestíbulo dedicado a capilla. Don Eusebio Güell está enterrado en la iglesia del monasterio de Pedralbes, pero la tumba que Gaudí quiso hacerle en Montserrat hubiera estado muy a tono con el sentido épico de la vida del prócer. Años después, Gaudí recuperó la idea de la tumba troglodita en el I Misterio de Gloria del Rosario Monumental de Montserrat.

## La Casa Calvet

Gaudí, introducido en el mundo de los fabricantes, recibió el encargo de los sucesores de Pedro Mártir Calvet para construir una casa de pisos de alquiler en el Ensanche, precisamente en el llamado barrio de los fabricantes, en la calle de Caspe número 52 (en la actualidad, 48).

Era un terreno situado junto al colegio de monjas de Jesús-María y al cauce de la riera de Malla. En el caso de la mansión Calvet, Gaudí se ciñó a las necesidades de una casa entre medianeras, con escasa posibilidad de lucimiento, como pudo tener en la Casa de los Botines de León. A pesar de ello, Gaudí utilizó sus métodos personales. La fachada se dibujó en los planos, pero al mismo tiempo mandó hacer una maqueta de yeso para representar en ella la abundante decoración escultórica. La fachada se hizo enteramente con piedra arenisca de Montjuïc, con un despiezo a la romana parecido al del acueducto de Farreras o Puente del Diablo, cercano a Tarragona. Encima de la puerta está la inicial del propietario junto con un ciprés, símbolo de hospitalidad, sosteniendo la tribuna del piso principal, que era el habitado por los propietarios, con relieves representando setas, ya que el señor Calvet era micólogo. En lo alto de la tribuna se puede ver el cuerno de Amaltea, rebosante de variados frutos. Las losas de los balcones son muy movidas y el remate ondulado del terrado cuenta con decoración escultórica, en la que destacan las tres cabezas de santos, San Pedro Mártir, patrón del dueño, y santos Ginés de Arles, notario, y San Ginés de Roma, histrión, patronos de Vilassar, de donde eran oriundos los Calvet.

El remate del edificio era más alto de lo que las ordenanzas permitían y el Ayuntamiento le conminó a que variara la forma. Gaudí, en una reacción de ira muy suya, se limitó a

Tribuna de la fachada principal de la Casa Calvet. Esta edificación tiene abundante decoración escultórica en piedra y hierro forjado.

presentar el mismo dibujo cortando el remate con una línea roja a la altura permitida, indicando con ello que suprimiría la parte superior dejando inacabada la obra. Ni que decir tiene que luego hizo el proyecto entero, y no solamente nadie dijo esta boca es mía, sino que el propio Ayuntamiento le concedió el premio al mejor edificio concluido en 1900. Era la primera vez que se concedía tal premio, consistente en un pergamino, que se conserva en el Museo de Reus, y una placa metálica diseñada por el arquitecto Buenaventura Bassegoda con escultura de Miguel Fuxà y realización de Masriera i Campins. Precisamente Bassegoda fue miembro del jurado y ponente del premio para el que propuso la obra de Gaudí, encontrando gran oposición entre los demás miembros del jurado. No obstante, consiguió que se le concediera el premio a Gaudí, aunque una sola vez, a pesar de que *La Pedrera* fue propuesta en su tiempo.

El vestíbulo de la Casa Calvet es altamente sugestivo, con un arrimadero de cerámica vidriada de tonos azules y la cabina del ascensor, de Cardellach, que es un poema de hierro forjado, madera y cristal. En los muros hay representaciones pictóricas, entre las que destaca la inscripción «Fe, Patria, Amor», emblema de los Juegos Florales poéticos y expresión simbólica de la *Renaixença.* El despacho comercial de Calvet, en la planta baja, presenta los primeros ejemplos de muebles orgánicos diseñados por Gaudí y realizados por Casas & Bardés. Estas singulares piezas, compuestas con madera de roble y formas curvilíneas, son una verdadera innovación en el campo del mueble y superan en mucho los ejemplos anteriores del propio arquitecto en el palacio Güell (tocador de doña Rosa y *chaise-longue* de don Eusebio). La modernidad y la fuerza de estos muebles es tal que actualmente se siguen fabricando en cantidad para coleccionistas gaudinianos. Hay también una anécdota ilustrativa del carácter de Gaudí en esta obra. Se trata de la huelga de yeseros que le impidió hacer los cielos rasos como él quería. Como no le gustaba nada ese paro, aunque fuera por razones de justicia laboral, encargó los techos a los

Silla perteneciente al despacho de la Casa Calvet, diseñado por el propio Gaudí. Estos muebles representaron una verdadera innovación por su carácter orgánico.

◄ Vestíbulo de la Casa Calvet, con la cabina del ascensor y las rejas diseñadas por Gaudí.

carpinteros, que colocaron unos casetones de tipo comercial pintados con motivos botánicos que resolvieron a la perfección el caso. En lo alto de los hastiales de la fachada hay sendas bolas de piedra con unas cruces de hierro en la parte superior. Como quiera que no son demasiado visibles desde la calle, una dama que miraba la fachada junto a Gaudí preguntó qué eran aquellos estorbos que se veían encima de las bolas. El arquitecto respondió que se trataba de la Cruz, que para algunos era un verdadero estorbo. Este tipo de respuestas rápidas e hirientes fueron características a lo largo de toda la vida del maestro, aunque consta también que su ira se apagaba inmediatamente. Es muy interesante la fachada posterior cuyos desaparecidos esgrafiados representaban guirnaldas y las iniciales P. M. C. (Pedro Mártir Calvet).

## Dos estandartes y una estampa

En 1900 Gaudí diseñó dos banderas y el recordatorio para un misacantano. La primera bandera era para la peregrinación que los hijos de Reus residentes en Barcelona ofrecían al Santuario de la Virgen de Misericordia. Gaudí asistió a la peregrinación, y en una de las fotografías publicadas en un semanario reusense aparece junto al estandarte o pendón que diseñó. En la tela había una pintura de Alejo Clapés Puig, el pintor del palacio Güell, que representaba a la pastora Isabel Besora en el momento en que se le apareció la Virgen. En el reverso se veía la rosa del escudo de Reus y la bandera catalana. Todo estaba rodeado de colgajos de cobre y latón en forma de rosarios y por encima de la figura de la pastora se podía leer «Misericordia». Por desgracia, fue quemado en julio de 1936 y sólo quedan unas malas fotografías. Esta bandera puede ser considerada como una prueba del reusismo de Gaudí, aunque los partidarios de la teoría riudomense alegan que Gaudí lo hizo en recuerdo de su madre, que era natural de Reus y muy devota de la Virgen Misericordia.

En el mismo año de 1900, por encargo de una sobrina de la viuda Tolrá, conocida fabricante de tejidos, Gaudí diseñó el estandarte del Orfeó Feliuà, de Sant Feliu de Codines. Tiene una forma muy ingeniosa que ha podido ser estudiado gracias a que esta bandera ha llegado intacta hasta el presente. El asta es de latón y se desenrosca por su mitad. En lo alto, una cruz de corcho con alma de hierro y recubrimiento de plancha de latón. El motivo central del estandarte es una rueda de molino, también de corcho revestido de latón. Es el símbolo del martirio de San Félix, patrono de la villa. El conjunto de la bandera es sumamente ligero, dados los materiales usados en su construcción. En Sant Feliu de Codines, Gaudí pasó una temporada en 1885 con motivo de una epidemia de cólera, y diseñó una mesa para su propia casa y más tarde dio algunos consejos para la construcción de unas naves industriales.

Don Eusebio Güell y su hija mayor, Isabel, fueron los padrinos de la primera misa de mosén Norberto Font Sagué, un erudito geólogo, escritor y fundador de la espeleología catalana. La misa se celebró en San Felipe Neri, de Barcelona, el 16 de junio de 1900 y fue distribuida una estampa recordatorio a los asistentes. El interés no reside en la estampa, que nada tiene que ver con Gaudí, sino con el dibujo que éste había preparado con Ricardo Opisso y que finalmente no se llevó a la imprenta. El original se conserva en el Museo de Reus y representa unos ángeles volando, de gran elegancia.

## El Rosario Monumental de Montserrat

Jaime Collell Bancells, el canónigo de Vic amigo de Verdaguer, de Güell, del marqués de Comillas y del obispo Torras i Bages, impulsó, a partir de 1893, la idea de construir un Rosario Monumental en el camino de la Santa Cueva de Montserrat. En 1896 se pudo inaugurar el Crucifijo del V Misterio de Dolor, diseñado por José Puig i Cadafalch, sufragado por el Apostolado de la Oración. Sucesivamente, otras entidades se encargaron de los demás misterios del rosario, contando con arquitectos como Martorell, Sagnier, Bassegoda y escultores tales como Llimona, Fuxà, Vallmitjana, etc. La asociación «Lliga Espiritual de la Mare de Déu de Montserrat», fundada por el obispo Torras i Bages, compuesta por elementos del partido catalanista, solicitó el I Misterio de Gloria, es decir, la Resurrección de Cristo, pues intentaban simbolizar al mismo tiempo la resurrección de Cataluña.

En 1900, Gaudí imaginó el Misterio de manera harto singular. Mandó hacer una excavación prolongando una gruta existente junto al camino y, con las tierras sobrantes, hizo una plataforma o plazuela ante la cueva, en el fondo de la cual está el sepulcro vacío con las tres Marías y el Ángel que explica el milagro de la Resurrección. En la peña, encima de la tumba vacía, va un escudo de Cataluña de cerámica y la figura de Cristo resucitado de José Llimona. En la plazuela frontal tenían que plantarse flores silvestres. La idea de Gaudí era de una poesía y un simbolismo realmente encantadores. La cueva mira a oriente y en el día de Pascua de Resurrección, que coincide aproximadamente con el equinoccio de primavera, el primer rayo de sol tenía que alcanzar el sepulcro vacío. Tal día se celebraría la misa de Alba en tal lugar, y entonces, con las primeras luces, cuando el aroma del tomillo y el romero son más intensos y el canto de los pájaros más dulce, comenzaría la misa.

Tan hermosa idea se vio frustrada por falta de fondos y la obra se paró durante años, hasta que el abad Deás exigió la terminación, so pena de entregar el Misterio a otra entidad. Se hizo cargo de las obras el arquitecto Jerónimo Martorell, que cambió de lugar la imagen de Cristo, mandó labrar las figuras del ángel y las Marías a Dionisio Renart y encargó a Manuel Ballarín la reja de forja que circuye el Misterio. El contratista de la obra fue José Bayó Font, el mismo de *La Pedrera* y la Casa Batlló. Fue el último de los misterios en inaugurarse y el acto se celebró el 29 de octubre de 1916. A pesar de los cambios, la idea religioso-poética-solar de Gaudí se ha mantenido como un ejemplo de su ingenio combinado con su innato sentido de la poesía del paisaje.

## Bellesguard

Fue el poeta Bernat Metge, secretario del rey Martín I el Humano, quien bautizó una casa situada en la ladera de la sierra de Collserola, encima del llano de Barcelona, con el nombre de Bellesguard o bella vista. El propio monarca se encargó, en 1409, de plantar las más hermosas especies vegetales

Vista parcial de la fachada de Bellesguard. En este edificio, Gaudí exhibe una gran variedad de soluciones constructivas y decorativas.

llegadas de todos los rincones de su reino, que cuidaba un jardinero moro de Cerdeña. En aquella mansión conoció la noticia de la victoria de Sanluri en Cerdeña y la muerte de su hijo

Martín el Joven, poco después; y allí, tratando de asegurar la sucesión, contrajo nupcias con Margarita de Prades, en una ceremonia que ofició el papa Benedicto XIII, el recio cardenal Pedro de Luna, y en la que predicó un dominico valenciano llamado Vicente Ferrer.

Después de cambiar de manos diversas veces, los terrenos de Bellesguard, ricos en agua y con purísimos aires, fueron adquiridos por don Juan Grau Vallespinós, el obispo de Astorga amigo de Gaudí, quien en su testamento, escriturado en 1887, ordenó que sus fincas en Cataluña fueran vendidas a su muerte y el importe destinado a la construcción de una escuela para hijos de obreros en Reus. Cumplidas estas previsiones, adquirió el terreno doña María Sagués, viuda de Jaime Figueras, comerciante que tenía una tienda de ultramarinos finos y coloniales en la Rambla.

En la escritura de compra suscribe el documento Antonio Gaudí, pues la nueva propietaria no sabía escribir, y con ello se comprueba que, desde un principio, estaba ya el arquitecto involucrado en las obras que allí se tenían que hacer. Fue ésa una relación póstuma del obispo Grau con su amigo arquitecto.

Entre 1900 y 1909 se trabajó en Bellesguard, que por entonces era un hermoso terreno sin apenas construcciones, pues unas fotografías anteriores a la intervención gaudiniana muestran solamente los restos de una parte de la muralla.

El lugar, sede del último rey de la dinastía catalana, debió de excitar la sensibilidad de Gaudí. Bien es cierto que Martín I no murió allí, sino en el convento de Valldonzella, pero lo cierto es que el lugar estaba cargado de historia y de recuerdos del medievo catalán. A Gaudí le encargaron una casa de vivienda a cuatro vientos, pero él convirtió este sencillo programa en un homenaje a la memoria del rey Martín el Humano.

Por de pronto rehízo la muralla en ruinas y desvió el camino del cementerio de San Gervasio, que atravesaba la finca por su mitad, construyendo un viaducto junto al torrente de Belén, y edificó una especie de castillo berroqueño inspirándose en las formas del gótico civil catalán del siglo XV, usando arcos de medio punto, ventanas bíforas y coronelas, una alta torre terminada en una aguja y un cinturón de almenas en la azotea.

Todo esto pudo haber conducido a un *revival* o un *pastiche*, pero no fue así. La intención era rendir homenaje a un monarca gótico, pero las formas son gaudinianas. Exteriormente es un edificio casi cúbico, con una original cubierta formada con aplacado de piedra pizarrosa del lugar. Interiormente, las formas son onduladas y completamente blancas en pilares, arcos y unas curiosas bóvedas nervadas que nada tienen que ver con las ojivales. El techo del comedor es de arcos tabicones muy rebajados y juntos, que sostienen la solera sin necesidad de vigas. En la escalera hizo una vidriera con una estrella en relieve con cristales polícromos de tonos verdes y morados que puede simbolizar a Venus, pues la fachada mira a poniente, donde luce la estrella vespertina, y tanto puede significar el ocaso de la dinastía catalana como las bodas reales allí celebradas.

La torre termina con una bandera catalana compuesta por barras helicoidales, una corona real y, encima, la cruz de cuatro brazos orientados según los puntos cardinales. En el jardín hay una caseta de bombas para extraer agua del pozo que tiene forma de dragón; quizá Pitón, protector de las aguas subterráneas.

Esta casa, que Gaudí diseñó sin ayudantes, aunque fuera terminada años más tarde por Domingo Sugrañes, se cubre con dos desvanes superpuestos sostenidos por haces de arcos aligerados, de enjutas de celosía de ladrillo, de singular atrevimiento y habilidad constructiva. No es del caso comentar la variedad de soluciones constructivas y decorativas en aplacados o hierros de forja, pero es bueno destacar una vez más este momento de Barcelona en que un comerciante confía a un arquitecto de gran personalidad una construcción que es un homenaje a uno de los reyes de la Edad Media, componiendo con ello un nuevo poema arquitectónico de la *Renaixença* catalana.

# 6. El Parque Güell

En 1900 inició Gaudí una más de sus numerosas obras inacabadas y una de las más significativas de su carrera. Don Eusebio Güell había comprado en la zona llamada la Muntanya Pelada, cerca de la carretera del Carmelo, dos fincas denominadas Can Muntaner de Dalt y Can Coll i Pujol. El anterior propietario era el marqués de Marianao, que tenía una casa palacio desde hacía varias generaciones. El terreno, de unas quince hectáreas, era muy accidentado, de suelo seco y rocoso, con diversas cuevas ricas en fósiles que fueron estudiados por el doctor Almera y por Norberto Font i Sagué, el cura amigo de Güell y de Gaudí. La idea de Güell era urbanizar la zona y vender las parcelas para la construcción de casas a cuatro vientos. El arquitecto Sallés Baró, que escribió una monografía a raíz de la visita corporativa de la Asociación de Arquitectos de Cataluña al parque en obras, en enero de 1903, dijo que Güell sacó la idea de ciertos establecimientos de educación ingleses que conocía por sus frecuentes viajes a Gran Bretaña. De hecho, Ebenezer Howard había publicado, en 1898, el libro *To Morrow, A Paceful Path to Real Reform*, donde postuló los principios de la ciudad jardín que luego puso en práctica, a partir de 1902, en Letchworth. Ya en 1895 se había iniciado Bournville, un modelo de ciudad jardín. Es evidente que Eusebio Güell conocía estas tendencias y decidió hacer un experimento en Barcelona, aunque el suyo resultó muy particular, debido a dos circunstancias. En primer lugar, lo quebrado del terreno de Can Muntaner de Dalt, muy distinto de los terrenos llanos en que se proyectaron las primeras ciudades jardín y, en segundo lugar, el arquitecto, ya que Gaudí realizó un trabajo singularísimo que no tiene parangón en la historia de este tipo de urbanizaciones.

El padre capuchino Martín d'Esplugues, en la biografía de Eusebio Güell, indica que en su juventud Güell estudió en Nimes y que el hermoso parque de La Fontaine de aquella localidad le impresionó fuertemente, hasta el punto de que al decidir llevar a cabo la urbanización en Gracia no la llamó Ciudad Jardín, sino Park Güell, que indica, de una parte, una separación del concepto de ciudad jardín obrera, como fueron las primeras en Nueva York a cargo de Stewart, en 1869 la de la fábrica Krupp, en Essen, y la ya mencionada de Bournville, de Cadbury. Cuando Güell se decidió a realizar una villa obrera lo hizo en Santa Coloma de Cervelló, llamándola Colonia Güell. El Park Güell tenía que ser un conjunto de edificaciones para gente de posibles, con parcelas grandes y edificaciones costosas. El nombre de Park podría relacionarlo con los parques ingleses de Saint James o Hyde Park, aunque éstos, como el de La Fontaine de Nimes, son jardines públicos y no urbanizaciones. La idea de Güell, fielmente cumplida por Gaudí, fue la construcción de una urbanización de sesenta parcelas, con importantes servicios comunes situada en una zona que tuviera la forma y las características de un parque particular. El Parque Güell está cerrado por un muro y dispone de una puerta principal y otras auxiliares que permiten el exacto control de la entrada y salida de personas determinando una estricta privacidad. El hecho de que la idea fracasara, de que las quince hectáreas quedaran destinadas solamente a tres casas, más la portería, y de que a la muerte de Güell fuera ofrecido por su hijo al Ayuntamiento, que lo convirtió en parque público en 1922, no significa modificación de la idea primitiva, es decir, un parque privado, urbanizado y capaz para sesenta casas, que entre el terreno propio, los viales y los servicios comunes podían disponer de dos mil quinientos metros cuadrados cada una, aun cuando el terreno propio de cada comprador era de unos mil quinientos metros cuadrados. Con tales superficies se comprende perfectamente que nunca se pensó en crear una ciudad jardín para obreros. Es más, las condiciones de venta eran tales que, al impedir construir allí industrias, restaurantes o talleres y prohibir, bajo multa, la tala de árboles, resultaba que los compradores quedaban muy ligados a Güell y tenían que ser personas de su entorno. Caso de haber tenido éxito, el Park Güell hubiese sido un barrio de gentes distinguidas, separado completamente del antiguo pueblo de Gracia y de Barcelona. Güell tenía allí la casa Larrard y es probable que pensara habitarla rodeado de las demás casas de nueva planta. Efectivamente, vivió allí desde 1906 y falleció en aquella casa el 9 de julio de 1918, aunque la determinación de su traslado al parque no se sabe si hubiese sido igual, caso de haber conseguido la venta de los terrenos.

Cuando Gaudí se hizo cargo del terreno no tenía otra experiencia urbanística que el proyecto de casas pareadas para trabajadores en la Obrera Mataronesa de 1881, pero la cosa no debió de preocuparle demasiado. Mediado el año 1900 se fue al terreno junto con el contratista José Pardo Casanovas y su sobrino Julián Bardié Pardo y comenzó los trabajos topográficos para el trazado de las calles, operación muy compleja, puesto que el gran desnivel obligaba a buscarles el desarrollo suficiente mediante sinuosas curvas. Utilizaron un aparato muy sencillo, el eclímetro, instrumento destinado a medir las pendientes por la tangente trigonométrica del ángulo de la pendiente. Se compone de un nivel, una plaqueta de cobre y dos pínulas. Se apoya sobre un trípode componiendo una figura de largas patas delgadas que Gaudí y Pardo bautizaron con el nombre de «la langosta». En agotadoras jornadas que comenzaban al alba y terminaban a las tres de la tarde, Gaudí y sus ayudantes lograron determinar el trazado ideal de los caminos de suave pendiente, pero con numerosas curvas.

Cuando se trató de realizar la obra de las calzadas, Gaudí estimó que no debía usarse el medio usual de desmonte y terraplenado, es decir, cortando la montaña cuando impedía el paso del camino y rellenando las quebradas o torrenteras con las tierras sobrantes. Con el fin de conservar la forma original de la Montaña Pelada se construyeron los caminos siguiendo las curvas de nivel, y cuando aparecía un espacio hueco se construía un viaducto que salvaba el desnivel sin rellenarlo con tierra. Estos viaductos se hicieron con pilares y bóvedas de ladrillo, que luego se revistieron con piedra del lugar, dándoles aspecto de grutas naturales. Las columnas son inclinadas y el recubrimiento se hizo con piedra casi sin desbastar, logrando un aspecto que combina perfectamente con el entorno natural, que Gaudí completó plantando las especies vegetales autóctonas, como son pinos, algarrobos, encinas, palmeras y matorrales tales como retama, romero y tomillo, y también trepadoras como jazmines y glicinas. Abiertos los accesos y parcelado el parque, se iniciaron en 1903 las obras de los pabellones de entrada, la gran escalinata, el llamado templo dórico o mercado y la plaza superior del teatro griego. Ésta es la parte más destacada del parque, situada frente a la calle Larrard, que conduce desde la Travessera de Dalt hasta el parque. Un muro de mampostería tiene una coronación ondulada recubierta de troceado cerámico, y unos medallones circulares donde se lee alternativamente «Park» y «Güell». La puerta principal tenía un cierre de madera muy sencillo hasta que en 1965 se colocaron allí rejas procedentes de la Casa Vicens. A ambos lados hay dos curiosos edificios destinados, uno, a vivienda de los porteros, y el otro, llamado pabellón de servicios, donde estaba el teléfono y la sala de visitas para que los dueños de casas en el parque pudieran recibir a quienes no eran de bastante confianza como para entrar en los hotelitos. Este edificio de servicios tiene una alta torre de forma hiperboloidal terminada con una cruz de cuatro brazos perfectamente orientados. Está totalmente revestida de cerámica azul y blanca. Las casas son de piedra del lugar pero los marcos de las ventanas y las cubier-

Pormenor del pabellón de entrada del Parque Güell (1990). La torre se remata con la característica cruz de cuatro brazos.

tas son también de mosaico cerámico de brillante color e iridiscencia.

Una vez traspasado este singular umbral, se llega a la plataforma ante la gran escalinata, obra maestra, que, junto con el resto del parque, fue declarado monumento por el Ayuntamiento en 1962, por el Estado en 1969 y por la UNESCO en 1984.

Pocas veces un arquitecto ha brillado a tanta altura como Gaudí en el Parque Güell. Las escaleras son el punto más difícil de toda construcción y donde los arquitectos han de demostrar su habilidad para resolver los problemas espaciales. Gaudí ha sido considerado como un arquitecto barroco por la libertad de concepto en sus creaciones, además del dinamismo y el uso acertado del color. Precisamente las escaleras han sido la especialidad del estilo barroco; baste recordar la majestuosa escalinata de Versalles o la de la Residencia de Würzburg, por no hablar de la que Bernini hizo en el palacio apostólico del Vaticano.

En el parque Güell la escalera se separó en dos partes que, a su vez, tienen otros tantos tramos. A ambos lados se abren muros en forma de abanico y superficie ondulada recubierta de azulejo troceado, alternativamente blanco y de intenso color, formando una especie de medallones que los obreros prefabricaban sobre moldes antes de situar en el muro. La manera de preparar estos medallones es muy propia del pensamiento gaudiniano. Primero se preparaba con varios gruesos de ladrillo o rasilla sobre mortero de cal la forma de base ondulada, y entonces los albañiles empezaban a fijar el mosaico de azulejo troceado. Gaudí les daba orientación, pero no componía personalmente los mosaicos, que eran creación de cada albañil. Si el resultado era bueno para el arquitecto, la pieza se colocaba en obra; en caso contrario, se separaba y se guardaba para mejor ocasión. En una de las grutas del parque fueron encontradas unas quince piezas de ese tipo, que en 1980 fueron colocadas en el muro del Museo Gaudí del propio parque. Esta manera de proceder confirma el aserto de Gau-

Escalera del Parque Güell con el famoso dragón (1970).

dí cuando afirmaba que cada persona tiene cierta facilidad para hacer determinada cosa y que esta habilidad es la que debe explotar el creador. Es absurdo exigir a un obrero algo que no va con su carácter; en cambio, si se le ordena hacer aquello para lo que tiene especial inclinación, se pueden obtener resultados excelentes. Esta tarea ocupaba largas horas a los albañiles y provocó un chiste en una revista de la época. Alguien hacía notar que en la puerta del Parque Güell había un grupo de albañiles rompiendo azulejos y en la parte alta otros que se dedicaban a recomponerlos para hacer el mosaico. Aunque tal conducta pueda provocar la risa, hay una razón muy clara para proceder de esa forma, ya que los azulejos enteros no se pueden aplicar sobre superficies curvas, y en pequeños fragmentos, sí.

Entre los dos tramos de la escalera hay un conjunto de esculturas decorativas formadas igualmente de ladrillo tabicado recubierto de mosaico cerámico. Al pie de la columnata del templo dórico, frente a un banco instalado en una espelunca debajo de las columnas, hay una figura que recuerda una llama con tres brazos concurrentes. La parte superior era demasiado frágil y se rompió hace tiempo, aun cuando ha sido reconstruida últimamente. Un poco más abajo está el muy conocido dragón o lagarto de vivos colores, cuya boca abierta arroja el agua del rebosadero de la cisterna situada bajo el templo. Es fama que Gaudí, para proyectar la forma del dragón, mandó que le trajeran una buena cantidad de tela metálica para cedazos, que amontonó frente a sí formando una especie de gran huso. Entonces, saltando encima del bulto, lo fue deformando con los pies hasta obtener la forma aproximada del cuerpo del animal, que los albañiles realizaron con fragmentos de rasilla mediante el sistema tabicado y cuyas formas definitivas se lograron con el aplacado del troceado cerámico. El dragón carece de cola y esto ha hecho difícil tratar de determinar qué clase de bicho es. Incluso alguien, concretamente un arquitecto chino, propuso la idea de que la cola es el serpenteante banco situado sobre el templo, alrededor del teatro griego. Esto llevaría a pensar en uno de los inacabables dragones de las fiestas del año nuevo chino, o quizá en un nuevo Quetzalcoatl o serpiente emplumada azteca.

Todo esto conduce al problema de los símbolos en la arquitectura gaudiniana, que es evidente que no se hizo con afán puramente decorativo, sino como portadora de algún mensaje que en pocos casos ha llegado hasta hoy por explicaciones directas del maestro. Las más de las veces hay que recurrir a interpretaciones, con el riesgo que todo ello comporta, ya que la fabulación y la mitología brindan tantas soluciones que siempre hay unas cuantas que se pueden identificar con cualquier forma gaudiniana. Según Eduardo Rojo, que leyó su tesis doctoral sobre el Parque Güell, este dragón es el cocodrilo del escudo calvinista de la ciudad de Nimes, que, además, aparece en el parque de La Fontaine. El autor de este libro ha escrito varias veces que, según sus entendederas, podría tratarse de Pitón, el dragón vencido por Apolo y encerrado en el ónfalo del templo de Delfos como guardián de las aguas subterráneas, lo cual tiene sentido, pues el dragón sirve de desagüe a la cisterna del parque. Más abajo hay un gran medallón en cuyo centro está el escudo de Cataluña con las cuatro barras, de cuya parte media asoma una cabeza de dragón como la que corona el escudo de Cataluña y Aragón (dragón = de Aragón). De hecho don Eusebio Güell quiso representar en el Parque Güell una nueva Delfos, símbolo de la *Renaixença* de Cataluña y por esto reunió allí las tres fuentes Delfussa, Cassotis y Castalia, el trípode de los oráculos, el templo dórico de Apolo y el teatro griego.

A este respecto, y antes de continuar hablando del Parque Güell, bueno será comentar un poco las interpretaciones de la figura del maestro, según la hayan visto unos u otros. Una cosa está clara: Gaudí era amigo de los largos monólogos, en los que explicaba a sus amigos muchas de sus ideas sobre arquitectura, arte e incluso política y temas generales. Nunca, sin embargo, se decidió a sincerarse sobre sí mismo. No habló de sus presuntas relaciones sentimentales ni dio explicación alguna de los posibles significados de tan maravillosas formas como logró crear. Se le pudo escuchar muchas veces hablando de geometría y de religión en la Sagrada Familia, pero de aquí no pasa la cosa.

Que persona tan famosa y tan ponderado arquitecto haya preservado su intimidad ha excitado la imaginación de fabulistas y escritores y, consecuencia de ello, son unas muy pintorescas interpretaciones del pensamiento de Gaudí. Se le ha supuesto impío y socialista en su juventud, enamorado hasta tres veces de otras tantas damas que se le escaparon vivas por las más rocambolescas razones. Incluso Maragall compuso un cuento corto sobre los amores de un arquitecto, lleno de poesía y romanticismo, pero difícilmente atribuible a Gaudí. En una ocasión se dice que Gaudí se separó porque la dama era protestante, y en otro caso porque se metió monja. Qué falta de equilibrio, una por poco católica y la otra por demasiado. Gaudí no dijo esta boca es mía al respecto; por tanto, la prudencia aconseja dejar de lado tanta literatura de imaginación que complacería a las revistas denominadas del corazón, pero que no se basan en hechos comprobados. A pesar del testimonio de un compañero de curso y de la evidencia de los continuos proyectos de carácter religioso elaborados por Gaudí desde sus primeros tiempos, alguien le tildó de anticlerical y comecuras, falsedad que ha sido acogida con júbilo por algunos y que persiste a pesar de la endeblez del argumento demostrativo. Ciertos autores le achacan un decidido socialismo por sus relaciones con Salvador Pagès y la cooperativa La Obrera Mataronesa, sin que esto tenga nada que ver ni haya ningún reflejo de tal relación en la conducta de Gaudí. Cuando tuvo que llevar a su sobrina huérfana a un colegio lo hizo al Jesús-María de Tarragona y no a la Institución Libre de Enseñanza.

Existe más de un estudio dedicado a un Gaudí alquimista, basado solamente en alguna de las frases que sus discípulos anotaron, cuando lo único que Gaudí tuvo de alquimista fue su búsqueda personal de la piedra filosofal mediante un continuado perfeccionamiento de sus métodos de trabajo. Gaudí trocó la piedra, el ladrillo y la cerámica en el oro más puro de la más original arquitectura, sin que por ello tuviera que darle vueltas a ningún almirez con perfume de azufre. En la casa que Gaudí habitó en el Parque Güell hay una gruta, como la existente en el sótano de la Casa Batlló, cuya finalidad no está bien determinada, aun cuando él la utilizó como fresquera, tal como otras muchas personas que dieron con agujeros como éste, y no para reintegrarse a la Madre Tierra, como suponen ciertos autores que fue el uso de tales espeluncas.

Se han llevado a cabo diversos estudios psiquiátricos sobre Gaudí, pero todos adolecen del mismo defecto. No hay datos de los que partir. No se sabe lo que Gaudí soñaba ni tampoco nada sobre una posible mezquindad. Sólo se puede juzgar viendo sus creaciones arquitectónicas, y no parece que esto sea suficiente para la clara determinación del carácter de una persona. Excepto los hipotéticos escarceos amorosos de su juventud, nada se sabe de su comportamiento sexual posterior, aunque si algo de escandaloso hubiese en él, seguramente hubiera saltado al campo de batalla, pues enemigos no le faltaron. A propósito de enemigos se puede referir una de las características más conocidas de Gaudí: su mal genio. «He dominado todos mis vicios menos el mal genio.» Esta frase del maestro es muy ilustrativa y una de las pocas en las que hace referencia a sí mismo. Tuvo vicios, pero los dominó; cuáles fueran es ya harina de otro costal. En cambio, el mal genio lo conservó hasta el fin. Era, sin embargo, el mal genio súbito y pasajero de la «gent del Camp, gent del llamp». El pintor y arqueólogo castellonense Juan B. Porcar conoció a Gaudí en el Cercle Artístic de Sant Lluc y ha dejado un relato de los repentes de Gaudí cuando se le llevaba la contraria. Una vez que un visitante de la Sagrada Familia se distrajo de las explicaciones del maestro y empezó a fumar un cigarrillo, se encontró de repente con el arquitecto que le increpó diciéndole que el tabaco le llevaría a la miseria. Según Porcar, Gaudí se expresaba violentamente con «aquellos ojos que parecían los del tigre del zoo».

En otras ocasiones eran respuestas tajantes pero suaves las que dejaban cortados a los indiscretos. Un joven pedante le dijo que quizá toda su obra fuera muy bella y muy artística, pero que a él no le gustaba. «Es que no la hacemos para que le guste a usted», respondió Gaudí de sopetón. Al parecer usaba con frecuencia el plural mayestático.

Volviendo a la escalera del Parque Güell, puede observarse que más abajo del escudo de Cataluña se forma una pequeña gruta con tobas calizas y musgo, creando la ilusión del ninfeo o lugar fresco y umbroso que a Gaudí complacía mucho. Esta gran escalinata conduce al templo dórico, espacio destinado a mercado, y que comprende aproximadamente la mitad de la superficie de la plaza del teatro griego situada encima. Esta sala hipóstila tiene ochenta y seis columnas, aun cuando le correspondería contener noventa, pero Gaudí suprimió cuatro de ellas colocando plafones de cerámica en el lugar correspondiente al capitel. La columnata se inscribe dentro de un estilo dórico muy peculiar: el entablamento está curvado, formando sucesivos entrantes y salientes, y las columnas perimetrales son inclinadas. Encima de la cornisa compuso el banco cerámico polícromo que constituye una de sus más notables obras. Las aguas llovedizas de la plaza pasaban a través de las columnas a la cisterna situada bajo el pavimento del templo. Prescindiendo de los aspectos estructurales, este conjunto de escalera, templo y plaza es algo restallante de color y claroscuro que se levanta en medio de la zona boscosa de la montaña.

Está rodeado de los viaductos que serpentean por todo el parque hasta terminar en lo más alto con los maceteros hechos con piedras sin desbastar, que parecen farolas de la naturaleza o columnas flanqueantes de un camino compuesto más por la tectónica que por la mano del hombre. En una colina, dominando el parque, está el Turó de les Menes o de Les Tres Creus, una especie de nuraga sarda de piedra en seco coronada por tres cruces sin decoración alguna. Representación del Calvario o Gólgota donde fue crucificado Jesucristo, símbolo religioso ligado al topónimo del lugar, la Montaña Pelada, equivalente a Calvario. El doctor Trías Maxencs, que habitó en la única casa que se hizo en solar vendido en el parque, ha relatado los paseos de Güell y Gaudí por el recinto al atardecer, an-

Interpretación libre gaudiniana del estilo dórico griego.

Banco del Parque Güell antes de la desacertada restauración de 1994. Parece que los cristales y las cerámicas empleados por Gaudí en su decoración eran materiales de derribo.

◀ Pasaje cubierto formado por el muro de contención y las columnas de un viaducto del Parque Güell.

tes de que cada uno volviera a su casa. Güell, a la antigua casa Larrard; Trías, a la que construyó el arquitecto Julio Batllevell, y Gaudí a la que hizo José Pardo Casanovas, según proyecto de Berenguer firmado por Gaudí en 1904 y que no encontró otro comprador que el propio arquitecto, que se trasladó allí con su padre y su sobrina Rosita Egea Gaudí en 1906. En esta casa vivió Gaudí veinte años. Su padre murió el 12 de octubre de 1906, a la edad de noventa y tres años, y su sobrina, el 11 de enero de 1912. A partir de entonces, Gaudí quedó solo en la casa, con la eventual compañía de Lorenzo Matamala, que le acompañaba por la noche dejando su propia casa y familia, y la del doctor Pedro Santaló Castellví, que iba a visitarle algún domingo. Después de 1914 ya no se siguió trabajando en el parque, que quedó convertido en jardín del señor Güell, abriéndose al público para ciertos actos y fiestas populares, como, por ejemplo, en 1908, con motivo de una carrera desde la entrada al turó de Les Tres Creus, en un festival a beneficio del Amparo de Santa Lucía, o para la fiesta escolar con motivo del cincuenta aniversario de los Jocs Florals. En 1906 se celebró una *garden party* con motivo del I Congreso Internacional de Lengua Catalana.

Para completar el cuadro anecdótico gaudiniano referido al parque puede relatarse la frase de Gaudí, quien decía que eran tantas las horas pasadas en la obra que si el señor Güell tuviera que pagarle los justos honorarios tendría que regalarle la mitad del terreno. De hecho el pago de honorarios se hacía de modo harto pintoresco. Cuando el arquitecto se quedaba sin dinero para ir a la compra, le pedía algo al administrador de Güell, el poeta Picó i Campamar, que le adelantaba alguna cantidad.

En una de las habituales reuniones en el obrador de la Sagrada Familia, mantenidas por la tarde, charlaban, en ausencia de Gaudí, el arquitecto Bayó, el encargado Massip, el forjador Badia y el pintor Clapés. Este último dijo que los *collages* de Jujol en el templo dórico del parque eran tortillas a la española, pero que los huevos los pagaba Güell. José M.ª

Jujol Gibert colaboró con Gaudí a partir de 1909 en la decoración cerámica del parque, aportando su viva imaginación cromática.

Al chiste de Clapés respondió Badia que aquellas obras no eran caras, ya que se hacían aprovechando cristales y cerámicas de desecho y que incluso las barandillas de hierro se habían forjado con hierros viejos. A tal punto entró Gaudí acompañado de Berenguer, y al preguntar y conocer las causas de la risa, repuso que estaba acostumbrado a aquella clase de bromas y que reconocía que algunas de ellas eran verdaderamente ingeniosas. En otra ocasión una señora, encantada viendo lo hecho hasta aquel momento, preguntó qué diabluras haría allí Gaudí. El arquitecto, de mal humor, le señaló la cruz de la portería y le dijo que donde estaba la cruz no cabían diabluras. En una visita que hizo al parque, el obispo de Vic Torras i Bages le dijo a Gaudí que comprendía su idea de conseguir la comodidad aprovechando los desniveles del terreno. Ante afirmación tan sensata, Gaudí dijo que ésta era la justa expresión de su idea.

# 7. Años de intensa actividad

## La restauración litúrgica de la Seo de Mallorca

A principios del siglo XX Gaudí seguía contando con distinguidos clientes que le proporcionaban obras de prestigio. En 1901 hizo la decoración de la casa de los marqueses de Castelldosrius, en la calle Mendizábal, 19 (ahora Junta de Comerç), pero poco queda de ella, salvo la anécdota del «auca» o aleluya del poeta José Carner, que relata el problema de la marquesa en cuyo gabinete no cabía el piano de cola. La solución de Gaudí fue inmediata: «Señora, toque el violín». La marquesa de Castelldosrius era hija de Eusebio Güell. También por estos años construyó la puerta del jardín de la casa de su amigo Hermenegildo Miralles, en la carretera particular Güell (hoy paseo de Manuel Girona). Este industrial fabricaba losetas de cartón comprimido que Gaudí había usado en el fumador de la Casa Vicens y que luego aplicó en una sala del bar Torino, en el paseo de Gracia esquina a Gran Vía.

Un encargo excepcional fue el que le formuló el obispo de Mallorca, don Pedro Campins Barceló. Al igual que el obispo Grau, de Astorga, este prelado estaba preocupado con la reforma litúrgica de los templos y aprovechó una visita *ad limina* a Roma para ver diversas catedrales italianas y francesas. Llegado a Barcelona visitó la Sagrada Familia y mantuvo una larga conversación con Gaudí, quedando pasmado de la claridad y riqueza de sus ideas acerca de la liturgia. Inmediatamente le pidió que se hiciera cargo de la restauración litúrgica de la Seo de Mallorca.

La primera visita de Gaudí a la isla fue en 1903, cuando presentó las ideas generales que luego se concretaron en una maqueta de madera y yeso. El proyecto consistía en quitar el coro del centro de la nave mayor, suprimir los retablos, gótico y barroco, y abrir los ventanales de la capilla real. Además se proyectaba un nuevo altar mayor, las cantorías, el coro en el presbiterio y las tumbas de Jaime II y Jaime III de Mallorca en la capilla de la Trinidad. Un proyecto sumamente ambicioso para el que Gaudí contó con José M.ª Jujol y Juan Rubió, arquitectos, Vicente Vilarrubias, escultor, y los pintores Llongueras, Pascual y Torres García para las vidrieras. La primera fase de las obras se inauguró el día de la Inmaculada de 1904, una vez trasladado el coro al presbiterio y construido el nuevo altar mayor. Luego las obras continuaron a ritmo más lento hasta 1914, en que, por causa de una discusión con el contratista, abandonó la obra, que al morir el obispo Campins, en 1915, quedó inconclusa y las tumbas de los reyes no pasaron de dibujos y maquetas.

Apoyados por la firme decisión restauradora del obispo se puede decir que Gaudí y su equipo pasaron como escualos por la catedral de Mallorca.

Numerosos comentarios de prensa e incluso libros resumen el escándalo provocado por las ideas avanzadas de Gaudí en una isla tradicionalmente tranquila y conservadora, especialmente en la mentalidad de los canónigos de la Seo. Esta catedral es ahora monumento nacional, tanto por lo que se refiere al edificio gótico como por lo añadido por Gaudí. La supresión del coro y el traslado de los retablos mayores deja-

Capilla mayor de la catedral de Mallorca, tal y como quedó ►
tras la remodelación de Gaudí. Las ideas avanzadas del arquitecto
aplicadas a la restauración litúrgica de la Seo levantaron
serias discrepancias entre los canónigos.

ron vista la parte honda de la capilla real y la de la Trinidad, así como la silla o cátedra episcopal del siglo XIV. El magnífico aspecto interno de la gran catedral mallorquina le debe mucho al proyecto de Gaudí. La compenetración del arquitecto y el obispo fue total, cosa que permitió llevar adelante el programa de reforma. Llegó a existir cierta desazón entre los canónigos, pues el atrevimiento de Gaudí, impulsado por el obispo y ayudado por el desenfado decorativo de Jujol, creó algunos problemas. Una vez instalada la sillería del coro en el muro del presbiterio, Jujol empezó a pintar encima de la madera tallada gótica con violentas pinceladas y vivísimos colores. En uno de los respaldos de las sillas corales dejó una fuerte mancha roja que se interpretó como «La sang d'Ell sobre nosaltres» (Su sangre sobre nosotros), rememorando las palabras dichas por los judíos a Pilatos cuando pedían la muerte de Cristo. Sin embargo, al quedar situada encima del lugar ocupado por los canónigos en las horas de rezo, la inscripción podía interpretarse de forma desagradable para ellos. Se dice que algunos canónigos acudían al muelle cuando llegaba Rubió para pedirle que se llevara de allí a Gaudí y a Jujol.

Además del conjunto de la obra, sorprende en la intervención de Gaudí en Mallorca la gran riqueza de pormenores en objetos litúrgicos y decorativos. Por de pronto, las vidrieras constituyen un hallazgo. Se propuso representar en los doce ventanales de la capilla real las invocaciones del Regina de la Letanía Lauretana o de Loreto, aunque solamente llegó a realizar el Regina Angelorum en el rosetón pequeño, el Regina Confessorum, el Regina Virginum y un fragmento del Regina Martyrum. En los almacenes quedaron las piezas del Regina Prophetarum. Estas vidrieras se hicieron emplomadas y también usando el sistema de bandajes, o sea, piezas de cobre en forma de U que sujetan los cristales. La razón se debía a que Gaudí usó tres cristales superpuestos del tipo «plaqué», que, aun siendo más delgados que los comunes de vidriera, en conjunto tomaban un grueso mayor del que puede abrazar con suficiente garantía el plomo. Gaudí ponía tres cristales por una simple razón. El de en medio era un cristal transparente donde se pintaba la grisalla o dibujo con las figuras de cada tema, y las otras dos en la parte de fuera y de dentro se llenaban con cristales de colores primarios de tal forma que al atravesarlos la luz daban el color complementario deseado. De esta manera, para conseguir el verde, se ponía un cristal azul y otro amarillo. Así era la luz la que producía los colores, y no la pintura. El fondo del presbiterio, alrededor de la cátedra episcopal, fue recubierto con un aplacado cerámico con representación muy estilizada de escudos episcopales y, rodeando la cátedra, unas leyendas hechas con cintas de hierro dorado que contienen frases del ritual de consagración de obispos.

Distribuidos por la catedral quedan facistoles, escaleras, lámparas y otros objetos diseñados por Gaudí. Su idea del conjunto de la restauración era mucho más compleja de lo que realmente ha quedado. Exteriormente quería completar la torre campanario con una aguda flecha de piedra, y encima de la capilla de la Trinidad proyectaba otra techumbre de pinos faldones. En la capilla de la Trinidad Gaudí proyectó, con sendas maquetas de yeso, por desgracia desaparecidas, las tumbas de los reyes Jaime II y Jaime III de Mallorca. Quedan fotografías y unos exactos dibujos del arquitecto Guillermo Reynés Font. Las tumbas actuales son del arquitecto Gabriel Alomar Esteve con estatuas yacentes de Federico Marès Deulovol.

Mientras se hallaba trabajando en esta obra, en 1907, se le pidió opinión para hacer un monumento a Jaime I con motivo del VII centenario de su nacimiento. Este monumento tenía que situarse en Barcelona, y como quiera que por entonces se iniciaba la Vía Layetana, Gaudí propuso hacer una plaza junto a la Capilla Real de Santa Águeda, plaza que luego se hizo y lleva el nombre de Berenguer el Grande, comunicando esta plaza, por debajo de los arcos medievales de la capilla, con la del Rey, donde se situaría un reloj de sol que señalaría las horas de triunfo del gran monarca. Además proponía hacer la techumbre de la catedral con faldones muy inclinados, alzar el cimborrio con una aguda flecha y otras tantas encima de los dos campanarios. Esta idea coincidía con la preparada para Mallorca y también con la que aconsejó a Alejandro Soler i March, que se disponía a restaurar la de Manresa. El Gaudí del principio de siglo aparece inmerso en grandes empresas litúrgicas que compartió con su continuada labor en la Sagrada Familia, debiendo ser esta última el adecuado receptáculo de tanta experiencia aprendida en grandes monumentos góticos. Del monumento a Jaime I sólo se hizo la pintura de Jujol, desaparecida, en un muro de la calle Tapinería, inaugurada el 26 de junio de 1907.

## 1904: un año fecundo

Fue 1904 un año de gran actividad para Gaudí, ya que tenía entre manos la continuación de la Sagrada Familia con el cambio de planta cuadrada por circular en los campanarios de la fachada del Nacimiento; las obras de Mallorca, cuya primera fase se terminó en diciembre de este año; el Parque Güell, cuyo proyecto oficial y memoria llevan fecha de este año, y Bellesguard, donde estaba haciendo el desvío del camino del cementerio de San Gervasio y el proyecto de puente sobre el torrente de Pomeret, un poco más allá, en el término de Sarrià.

Pero no terminaba aquí la cosa. Entre este año y el siguiente dejó listo un muy particular trabajo de decoración en la llamada Sala Mercè, en la Rambla de los Estudios número 4 (hoy Ramblas 122). La idea procedía del pintor Luis Graner Arrufí, quien, después de un viaje a Estados Unidos, decidió montar unos espectáculos de carácter artístico y moral utilizando las técnicas más modernas. La Sala Mercè, dedicada a

Fachada de la Casa Batlló. ►

la celestial patrona de Barcelona, por la que Graner sentía especial devoción, por ser el patronímico de su esposa, consistía en un vestíbulo y sala de espera con fachada a la Rambla, una sala de proyecciones de suelo inclinado hacia el escenario y luz tenue debida a bombillas escondidas entre tules y un sótano en forma de gruta con salida a la calle del Bot, hoy plaza de la Villa de Madrid, donde, entre estalactitas y estalagmitas, se veían diversos dioramas que periódicamente se renovaban. Gaudí, es de creer que ilusionado como un chiquillo, hizo en este caso particular mil diabluras, nunca mejor dicho, puesto que en el vestíbulo, un autómata Narbon en forma de diablo amedrentaba a los sorprendidos espectadores, engañados ya por las dos taquillas, una de las cuales ocupaba un muñeco que, naturalmente, no atendía a los clientes.

Con Gaudí colaboraron los escenógrafos Alarma, Urgellés y Vilomara, y con Graner, autores como Adrián Gual, Manuel Folch i Torres y José Carner. Se hicieron proyecciones de cine mudo y también sonoro por el sencillo procedimiento de poner detrás de la pantalla a los actores que recitaban su papel cuando aparecían en la proyección. Graner contó con el gran cineasta aragonés Segundo de Chomón. Parte de la decoración de escayola era de Lamberto Escaler. En la fachada había una bandera con el escudo mercedario y las proyecciones y representaciones eran de carácter religioso y moral, como *La cueva de Fray Garin, La Anunciación* o *Montserrat.* Luego, Graner se metió en empresas escénicas de mayor envergadura en el Teatro Principal y acabó arruinado. Fue una pena, pues este mismo año de 1904 Gaudí había dibujado para su amigo un proyecto de chalet en la calle de Santa Eulalia número 40 (hoy Inmaculada, 44-46), en San Gervasio, junto al colegio de las Escuelas Pías. No se construyó más que la portada del jardín con tres huecos: uno para coches, otro para peatones y, en lo alto, un tercer orificio redondo en el muro que Gaudí llamaba la puerta de los pajaritos («la porta dels ocellets»), dando suelta una vez más a la vena poética propia de su carácter ingenuo, a pesar de su madurez artística e intelectual.

Para don Eusebio Güell preparó un proyecto de chalet destinado a los ingenieros en las minas de Catllarás, en La Pobla de Lillet, lugar donde se extraía el carbón para la fábrica de cemento portland Asland, en Castellar de N'Hug. El chalet aún existe y su aspecto recuerda un poco las Bodegas Güell, de Garraf.

Como obra menor se puede señalar, en 1904, el taller de forja de los hermanos Badia en la calle de Nápoles, 273. José y Luis Badia Miarnau fueron aprendices y oficiales de Juan Oñós en el palacio Güell y otras obras primerizas de Gaudí, y el arquitecto siguió contando con ellos cuando se establecieron por su cuenta, una vez que Oñós se retiró. Los Badia hicieron los hierros de la Casa Batlló, de La Pedrera y muchos de la Sagrada Familia. El taller que les hizo Gaudí era muy sencillo, con cubierta de diente de sierra, suelo de tierra comprimida y una fachada de piedra con una puerta y una ventana en la que los herreros colocaron una graciosa reja de tela metálica de distintos matices. Para su amigo el pintor Luis Graner proyectó en 1904 una casa de pisos cuyos planos se expusieron en la sala Parés en 1927.

Con mucho, la obra más destacada que inició Gaudí en 1904 fue la casa de don José Batlló Casanovas. Este industrial barcelonés era propietario de la casa número 43 del paseo de Gracia, un edificio proyectado en 1875 por el arquitecto Emilio Sala Cortés. Pensó en convertirlo en su residencia ocupando la planta principal y cediendo en alquiler las demás, como hiciera la familia Calvet en la calle Caspe. En principio pensó en demoler la antigua casa y hacerla de nueva planta, pero finalmente encargó a Gaudí la reforma de lo existente. La relación entre Batlló y Gaudí debió de venir a través de los hermanos Llimona y, en el caso del paseo de Gracia, intervino un contratista que fue José Bayó Font.

Este empresario era hermano del arquitecto Jaime, que fue profesor de estructuras en la Escuela de Arquitectura y trabajó también con Gaudí, especialmente en La Pedrera. Los hermanos Bayó, contratistas, hicieron la fábrica de Juan Llimona, en la calle del Olmo y Conde del Asalto, cerca del Paralelo. Al terminar esta obra, que había proyectado Juan Rubió Bellver, el arquitecto que ya había colaborado con Gaudí en la Casa Calvet, Bayó fue encargado de los trabajos de Batlló, y allí fue donde conoció a Gaudí. Luego haría las obras del Rosario Monumental de Montserrat correspondientes al I Misterio de Gloria, proyectadas por Gaudí y dirigidas por Rubió.

La aventura constructiva de la Casa Batlló es muy notable, pues se trata de una reforma, pero tan radical que resultó casi más compleja que una nueva planta. Se apuntaló la fachada desde el segundo piso y se desmontaron las partes correspondientes a las plantas baja y primera. Bayó relató el episodio en enero de 1970, recordando que pasó tres noches sin dormir pensando que tenía la casa suspendida del apeo. Por tanto, la parte baja del edificio y el principal tienen fachada totalmente nueva, labrada con piedra de Montjuïc, con profusión de curvas y contracurvas, además de delgadas columnas óseas que motivaron el sobrenombre de la Casa de los Huesos, con que se conoció la Casa Batlló. El resto de la fachada fue convertida en una superficie ondulada a golpe de pico, y encima se aplicaron pedazos de cristales de múltiples colores y círculos de cerámica policromada. El efecto es único, pues al recibir lateralmente el sol de la mañana, brilla con la iridiscencia y refleja la total policromía de los cristales, que fueron colocados formando manchas bajo las órdenes directas de Gaudí, que, de pie en la acera del paseo de Gracia, mandaba a los obreros tomar los fragmentos de los diversos cestos que contenían piezas de los diferentes tonos y colores. Las losas de los balcones fueron cambiadas por otras de planta lobulada, y encima, unos antepechos que parecen antifaces, hechos de hierro colado. Una vieja fotografía conservada en la Sagrada Familia muestra el taller de los yeseros, donde aparece el modelo a tamaño natural de uno de los antepechos que fueron

Detalle de la atrevida cubierta con escamas, en forma de dragón sin cabeza ni cola, y del remate bulboso de la Casa Batlló.

pintados de color marfil y dorado, con los hierros torcidos helicoidalmente que cruzan los huecos.

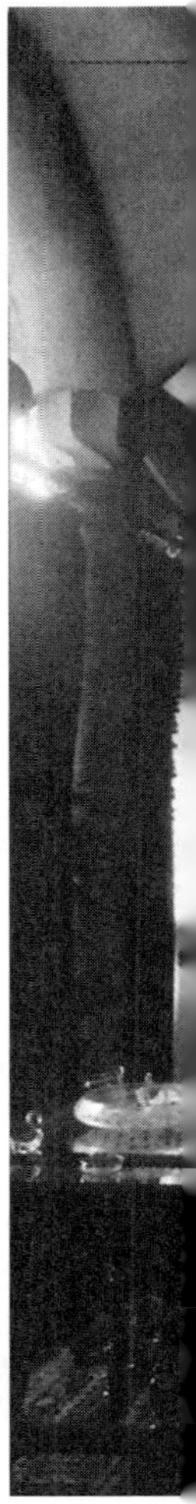

Vestíbulo de la Casa Batlló.

Encima del último forjado se construyeron arcos parabólicos de ladrillo que sostienen dos desvanes; el primero fue trastero y ahora es un pequeño museo gaudiniano, y el segundo es el cuarto de los depósitos. Estos arcos fueron cubiertos con

Salón de la Casa Batlló.

bóvedas tabicadas alabeadas y recubiertas, en la parte a la calle, con tejas de escama de pez, de gran tamaño y distintos colores, que van del rosa al azul intenso, en tanto que la parte que mira al terrado o azotea es de mosaico de cerámica troceada.

La cumbrera ondulada de este cuerpo, que semeja un monstruo, está hecha con un espinazo cerámico de grandes piezas, unas semicilíndricas, las otras casi esféricas, de colores cambiantes que van del amarillo al rojo y al azul. Este sorprendente cuerpo de dragón, sin cabeza ni cola, se completa con una torre cilíndrica que aloja una escalera de caracol que va desde la cuarta planta al desván primero. Exteriormente está igualmente revestida de cristales rotos y se corona con una gran pieza bulbosa de cerámica mallorquina, en cuya parte alta aparece, una vez más, la cruz de cuatro brazos de orgánicas formas.

El patio es un milagro de luz, ya que, en lo alto, se halla revestido de cerámica azul oscuro y, a medida que se baja, se va haciendo primero azul pálido, luego gris y, en la planta baja, de color blanco. Mirando el patio desde abajo se ve todo de color uniforme azul-gris. La fachada posterior y el jardín del piso principal, encima de la terraza del almacén, son otras fantasías polícromas resueltas con cerámica y mosaico de Reus.

La casa del señor Batlló tiene el gran salón sobre el paseo de Gracia, con la particularidad de que las ventanas son de guillotina, sin montantes, por lo que se pueden levantar todas, quedando una única e inmensa ventana, de tal manera que desde la casa se tiene la sensación de estar en mitad del paseo de Gracia. En esta sala hay un cielo raso en forma de torbellino de gran relieve que se resolvió, sin embargo, con candelas de madera que sostienen un tejido de cañizo y yeso. Había una capilla oratorio que se cerraba con grandes puertas, como en el palacio Güell, y que contenía un relieve de la Sagrada Familia de José Llimona, un sagrario de Juan Rubió, un crucifijo de Carlos Mani, sobre cruz de José M.ª Jujol, que hizo así mismo los candelabros, y las sacras, dibujadas por Juan Matamala. Bayó recordaba a la familia Batlló sentados todos a la mesa, muy elegantes, como si fueran al restaurante, usando los extraordinarios muebles –mesa, sillas y bancos– que Gaudí diseñó y realizaron los ebanistas Casas & Bardés. El

Detalle de las chimeneas de la Casa Batlló, cubiertas por una luminosa profusión de mosaicos troceados.

comedor estaba en la fachada sobre el patio de manzana. También contó Bayó que, en una de sus visitas, el señor Batlló fue acompañado de don Pedro Milà i Camps, que se entusiasmó con todo aquello y dijo al contratista: «La próxima obra la hará usted para mí». Así fue, pues la casa Batlló quedó terminada en 1906 y este mismo año se empezó *La Pedrera.*

Lo que más sorprende del relato de José Bayó, cuya voz se guarda en una cinta en la Cátedra Gaudí, es la extrema sencillez de los medios auxiliares empleados. Una simple polea sirvió para subir todos los materiales; los andamios eran de madera, atadas las piezas con cuerdas, y los materiales fueron el mortero de cal, los ladrillos y la piedra. El hierro fue utilizado en una columna y jácena de la escalera en planta baja y en los arcos parabólicos de la claraboya. Gaudí fue un innovador, pero no se entregó al uso de los nuevos materiales cuyas características aún no estaban bastante probadas y prefirió perfeccionar los usos tradicionales muy acreditados.

Además de la capilla en casa del señor Batlló y de la cruz en lo alto de la torre, en el cuerpo de la misma se ven con letras doradas de típica epigrafía gaudiniana los anagramas de Jesús, María y José, atestiguando una vez más la religiosidad de Gaudí. Un solo dibujo del proyecto escapó a la destrucción del archivo de Gaudí en la Sagrada Familia en 1936: es un alzado de la fachada principal, minuciosamente trazado y cien veces corregido para encontrar la mejor solución que hace buena la frase de Gaudí de que sólo quien se equivoca muchas veces acaba al final acertando. Este dibujo muestra la torre en el centro de la fachada, pero al final se situó a un lado, junto a una terracita, por una razón ajena al proyecto. Al lado de la Casa Batlló había construido en 1900 el arquitecto José Puig i Cadafalch la casa Amatller, que culmina con un hastial escalonado siguiendo las formas del gótico hanseático. Para evitar que la casa Batlló dejara una gran medianera al descubierto junto a su vecina, Gaudí retranqueó la parte alta de su fachada dejando la aludida terracita, y compuso una moldura que se entrega en la que proyectó Puig i Cadafalch. Una prueba de elegancia y un deferente detalle para con un colega quince años más joven que él. En 1905 Gaudí realizó dos interesantes obras en La Pobla de Lillet: el chalet para los técnicos de las minas de carbón de Catllaràs, con bóvedas catenáricas y los jardines de Can Artigas junto al recién nacido río Llobregat, de gran efecto por los saltos de agua entre rocas.

La sonriente Casa Batlló marca el punto más elevado del estilo poético de Gaudí, riente y optimista. Le sucederá la Casa Milà, mucho más imponente y dramática, contrastando con la de Batlló, a pesar de su rigurosa contemporaneidad y su vecindad física.

En 1905, Francisco Berenguer Mestres hizo para José

Pardo Casanovas, contratista, el proyecto de la casa de muestra en el Parque Güell. Como quiera que Berenguer carecía de título, el de esta casa lo firmó Gaudí en octubre de dicho año. Al año siguiente la adquirió el propio Gaudí, que se instaló allí con su padre y su sobrina, tras haber hecho algunas reformas, como la instalación de calefacción central, el oratorio y una pequeña tribuna entre el comedor y el salón.

Entretanto, el obispo de Vic, don José Torras i Bages, había encargado la decoración de la catedral al pintor José M.ª Sert y formó una comisión presidida por el canónigo Collell para que le asesorase. Gaudí fue consultado y dio una opinión adversa, diciendo que Sert era un pintor comercial y no un verdadero artista. El obispo no le hizo caso y Sert pintó la catedral.

En Llinars del Vallès, el industrial herrero Damián Mateu se hizo una casa que fue realizada por Berenguer con asesoramiento de Gaudí que visitó repetidamente la obra, según atestigua el contratista de la misma, José Font. Sucedía esto en 1906. La estrecha relación entre Berenguer y Gaudí ha dado lugar a encontradas opiniones, especialmente después de que Feliu Elías, en 1928, arremetiera contra el arquitecto acusándole de haber tratado a su colaborador como un negrero, cuando toda la creatividad era de Berenguer y no suya. Tal infundio cae por su propio peso y ha quedado sentenciado después de la tesis doctoral del arquitecto José Luis Ros Pérez, que catalogó el archivo de Berenguer y lo estudió a fondo. Lo cierto es que en todas las obras de Berenguer, como afirma Ràfols, existió el asesoramiento de Gaudí. Así sucedió, por ejemplo, cuando Berenguer se encargó del arreglo del jardín y el muro de cierre, incluida la puerta, de la masía de Juan Peitx, en la Travessera de Dalt número 32, de Gracia. La pubilla o heredera de este señor se casó con un miembro de la familia Sagrera, siendo padrino de boda Narciso Verdaguer Callís, primo de mosén Jacinto, y quiso arreglar la casa de campo de su suegro, entonces dentro de la creciente villa de Gracia, haciendo el jardín y el muro de cierre. Berenguer se encargó de ello y debió de contar con el asesoramiento de Gaudí, pues la obra se realizó en 1906, cuando tanto Berenguer como Gaudí vivían en Gracia y trabajaban en tantas obras simultáneamente. En 1906, Gaudí diseñó la bandera del gremio de Cerrajeros de Barcelona, un gran estandarte de más de dos metros con tela de color verde y una imagen del patrono, san Eloy, en el centro. Fue destruida en 1936.

En agosto de 1906 firmó el proyecto de un viaducto, semejante a los del Parque Güell, para salvar el torrente de Pomeret, en Sarrià. El proyecto se había iniciado en 1904 y tres de sus promotores fueron el pintor Luis Graner, el señor Figueras, dueño de Bellesguard, y el padre rector de las Escuelas Pías. Este puente hubiese hecho posible la circulación por la calle de Santa Eulalia, hoy de la Inmaculada, desde la calle Mayor de Sarrià hasta el camino del cementerio de San Gervasio, donde estaba la casa Bellesguard. Para ello tenía que salvar el torrente de Pomeret, cosa que aun hoy no se ha hecho. Por dicho torrente circula ahora el ferrocarril de Sarrià. El viaducto dibujado por Gaudí era muy interesante, con pilares inclinados que parecen las patas de un elefante de cien pies, y tiene en el antepecho las aspas de la santa y una invocación: «Rogad por nosotros, santa Eulalia.»

## *La Pedrera*

Don Pedro Milà i Camps, tal como queda dicho, se entusiasmó con la Casa Batlló y planeó la construcción de una gran casa de pisos de alquiler en el paseo de Gracia, esquina a Provenza, justo en el límite entre Gracia y Barcelona, antes de la incorporación de aquella villa a la capital catalana. Pedro Milà, Perico para los amigos, estaba casado con doña Rosario Segimón Artells, hija de Reus y viuda, en primeras nupcias, de un rico indiano. Nunca estuvo de acuerdo con la arquitectura

Casa Milà, popularmente bautizada con el nombre de *La Pedrera.* ▶

de su paisano, pero respetó el parecer de su marido y habitó el primer piso de *La Pedrera* desde 1910 hasta 1926 con la decoración gaudiniana, pero en cuanto el maestro murió, transformó su piso en un conjunto de estancias muy convencionales decoradas con un reconfortante estilo Luis XVI. El matrimonio Milà-Segimón se hizo con la casa y los terrenos del fabricante señor Ferrer Vidal en el paseo de Gracia, donde había un hotelito que cuando se construyó estaba en el número 2 de este paseo, y luego en el 92, al unirse la numeración de Barcelona con la de Gracia. Era un terreno de más de mil metros cuadrados con mayor fachada sobre Provenza que sobre el paseo de Gracia.

En febrero de 1906 se presentaron al Ayuntamiento los planos del proyecto firmados por Gaudí. Como todos los documentos oficiales que Gaudí suscribió, eran muy esquemáticos, y aunque artísticamente son interesantísimos, con sus tabiques curvos y su desenfadada fachada, no tuvieron nada que ver con la realidad constructiva que siguió al proyecto. Mandó hacer otros planos mucho más minuciosos y de gran tamaño. Uno de los delineantes se quejaba de no abarcar todo el enorme tablero sobre el que Gaudí había extendido el papel en una de las habitaciones de la casa de Ferrer Vidal que sirvió de oficina de obras. Gaudí mandó practicar un orificio en el centro del tablero por el que emergía el tronco del delineante, que pudo dibujar así el plano desde su posición central. Se hicieron muchas maquetas, en especial la de la fachada principal, a tamaño natural en fragmentos que se iban llevando a obra para comprobar la exactitud de los cortes de la piedra.

La construcción de *La Pedrera*, a pesar de sus adelantos distributivos y de particular estética, fue muy sencilla. Los cimientos son de zanja corrida, de cincuenta centímetros de ancho, rellenos de mampostería de mortero de cal. Las fachadas

Arcos catenáricos de ladrillo tabicado que cubren el desván de la Casa Milà, ▶ inspirados en la construcción tradicional catalana. Fotografía de 1955.

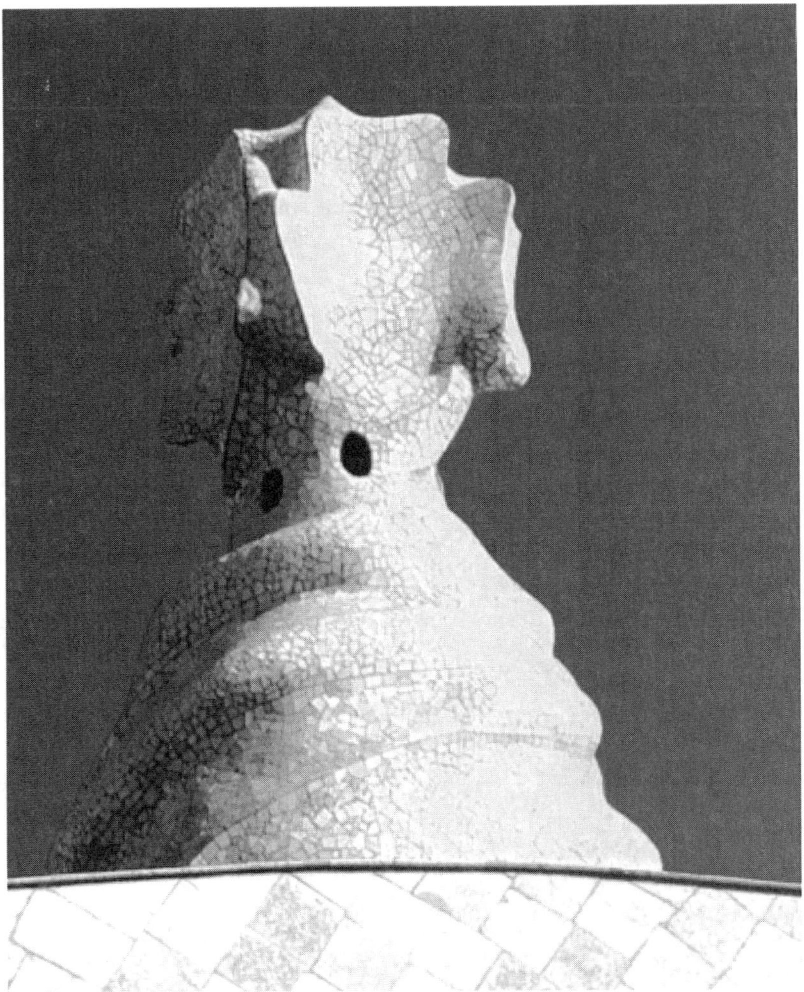

Pormenor de las chimeneas de tronco helicoidal y de una de las salidas de escalera de la Casa Milà.

principales son de piedra (mármol de Garraf en la planta baja y piedra caliza amarillenta de Vilafranca en los pisos) y las posteriores de ladrillo revocado. Interiormente no hay otras pare-

Uno de los sorprendentes ventiladores de la Casa Milà, de superficies alabeadas.

des que las de la caja de escalera y los tabiques, pues la estructura es absolutamente libre, sostenida por pilares de piedra, de ladrillo o de hierro colado. Este sistema, ya ensayado en la

Casa Botines, alcanzó en *La Pedrera* su carácter definitivo. Es la planta libre propugnada por Le Corbusier a partir de 1915. Gaudí dijo que si en el futuro *La Pedrera* debía convertirse en un hotel, no habría inconveniente alguno, puesto que la distribución podía modificarse a placer, al carecer de muros de carga. Encima de los pilares descansan jácenas de hierro laminado que, a su vez, soportan un simple forjado de viguetas metálicas y bovedillas a la catalana.

La fachada de piedra, con sus constantes entrantes y salientes (que han dado nombre popular al edificio, que en cierto modo recuerda a una cantera), queda sujeta al resto de la casa por unas jácenas de hierro empotradas en la piedra a la altura de los forjados, a los que se unen por otras viguetas de longitud variable. Todas las vigas fueron roblonadas y las jácenas onduladas de fachada se hicieron en los talleres navales de la Barceloneta, donde había especialistas en doblar grandes hierros en caliente. No parece que ningún arquitecto se hubiese valido en Barcelona antes que Gaudí de los recursos de la ingeniería naval. La descripción del tajo por José Bayó, contratista de la obra, es sorprendente. Los grandes bloques de piedra llegaban desde Garraf o Vilafranca a bordo de unos lentos y humeantes locomóviles parecidos a una apisonadora. Dejaban los bloques en un solar enfrente de la obra y allí eran cortados de acuerdo con las plantillas que se preparaban en el taller-oficina. Luego se colocaban en sus lugares respectivos después de haber afinado adecuadamente sus caras o facetas, operación que había que repetir hasta cuatro veces en algunos casos. Al lado de cada bloque, cuando se colocaba en obra, se tenía el correspondiente fragmento de la maqueta de yeso de la que se tomaban las medidas exactas. Bayó inventó una pequeña grúa o cabria, que mereció el aplauso de Gaudí, y con ella realizó la ciclópea obra.

Cuando la fachada estuvo terminada mandó montar puentes volados, desde los cuales los picapedreros iban retocándola siguiendo las órdenes de Gaudí, situado en la acera del paseo. Se trata, pues, de una colosal escultura formada

Balcón de la Casa Milà. El trabajo del hierro forjado muestra las características formas vegetales preferidas por Gaudí.

con enormes bloques de piedra labrada según un modelo inicial de yeso. Su aspecto ha sido comparado con los peñascales de Fra Guerau, en la sierra de Prades, que Gaudí conoció en su niñez; con Sant Miquel del Fai, que visitó como excursionista, o con la montaña y el torrente de Pareis, en el norte de la isla de Mallorca. También le han encontrado similitudes con Calescobes y otros acantilados mallorquines. Evidentemente es un modelo geológico el que Gaudí utilizó para conformar esta fachada-escultura, pero no terminó aquí la cosa. Encima del último forjado mandó construir una sucesión de arcos catenáricos de alturas en función de las variables anchuras de la crujía. Estos arcos tabicones sostienen, por un lado, la pared amansardada del desván de cara a la calle o a los patios de parcela y, encima, las soleras escalonadas del terrado. Este terrado escalonado es ya de por sí interesante, pero Gaudí lo coronó con el pasmoso conjunto de chimeneas, ventiladores y salidas de escaleras. Las chimeneas son de tronco helicoidal y sombreretes en forma de yelmos guerreros; los ventiladores adoptan forma de superficies alabeadas geométricas de gran belleza, y las salidas de escalera, con superficies recubiertas de mosaico de cerámica troceada o de pequeños fragmentos de losetas de mármol, adoptan formas escultóricas originales y se rematan con cuatro cruces simbólicas. En el friso del último piso se lee la invocación mariana del Angelus: «Ave gratia plena Dominus tecum». En el lugar de la palabra María, justo en mitad del chaflán, se ve esculpida una Rosa Mística, encima de la cual todo está preparado en la estructura para fijar una imagen de la Virgen del Rosario flanqueada por los arcángeles San Miguel y San Gabriel. La escultura, modelada en yeso, a tamaño natural, con más de cuatro metros de altura, la realizó en el piso principal de la casa en obras el escultor tarraconense Carlos Mani Roig, un exaltado que en 1907 presentó a la exposición del Palacio de Bellas Artes de Barcelona el grupo en yeso de *Los degenerados*, conjunto de seres deformes, microcéfalos y de enormes manos. El grupo de la Virgen, al parecer, no gustó al señor Milà y no se llegó a fundir en bronce, tal como imaginara Gaudí. Mientras se trabajaba en *La Pedrera* acaecieron, en julio de 1909, los acontecimientos de la llamada Semana Trágica de Barcelona, durante los cuales fueron incendiados algunos conventos. Se ha pensado que esta fue la razón que decidió a Milà a no colocar el grupo de la Virgen en la fachada, pero eso es sólo una suposición. Bayó afirmó que la maqueta de Mani no había complacido al señor Milà.

La fachada de la Casa Milà se completó con las rejas de los balcones hechas con hierros comerciales y planchas retorcidas de gran vistosidad. Con evidente mala idea, un periódico de entonces anunció que los balcones se hicieron con los restos del desastre ferroviario de Picamoixons. La realidad fue que Gaudí se trasladó al taller que los hermanos Badia tenían en la calle Nápoles y, en una tarde, desde las tres hasta las diez, dirigió personalmente la forja del primer balcón que se colocó en el hueco central del chaflán del tercer piso. Bayó estuvo presente en esta larga sesión de la fragua de Vulcano, y comentó que los operarios y aprendices se preguntaban en voz baja cuándo irían a cenar, pero Gaudí, impertérrito y enfrascado en su labor creadora, no dejaba de ordenar que llevaran los hierros de la fragua al yunque una y otra vez hasta que la pieza quedó totalmente lista. Por aquel entonces las reivindicaciones sociales no habían logrado todavía fijar exactamente los horarios de trabajo. Hoy en día Gaudí se hubiera quedado solito en el taller en cuanto hubieran dado las seis. Se ha dicho después con insistencia que los hierros de *La Pedrera* son obra de José M.ª Jujol. Es posible que interviniera en ello, aun cuando se sabe que Gaudí dejó a los hermanos Badia, en quienes tenía gran confianza, que hicieran por sí mismos los demás balcones siguiendo la pauta del primero. Si Gaudí era incapaz de entender la rigidez de un horario laboral, menos dotado estaba para asimilar el texto de las ordenanzas municipales. Los pilares de la planta baja apoyan sobre la acera, más allá de la alineación oficial, y todos los desvanes están por encima de la altura permitida.

Un guardia municipal visitó la obra y le dijo a Bayó que aquel pilar tenía que retirarse. El contratista consultó con Gaudí, quien le dijo que si insistían los del Ayuntamiento, mandaría cortar el pilar por la línea oficial y, dejando la superficie de corte absolutamente lisa, haría grabar allí una leyenda diciendo que había sido cortado por acuerdo municipal de fecha tal. Bayó lo transmitió al inspector municipal, que no volvió a hablar del asunto. Cuando se quitaron los toldos que cubrían la fachada se produjo un estupor general en Barcelona. Los dibujantes hicieron su agosto publicando chistes al respecto en la prensa local. En uno de ellos, un niño pedía por Pascua una mona como aquella casa; en otro, un posible inquilino rechazaba el piso porque le iba a resultar imposible poner las colgaduras del día del Corpus en aquellos complicados balcones de hierro; otro dibujante convirtió La Pedrera en garaje de dirigibles. Quienes más estupefactos quedaron fueron los técnicos municipales al constatar que la casa excedía en cuatro mil metros cúbicos lo autorizado. Se conminó al señor Milà para que derribara todos los desvanes, o habría de hacer efectiva una multa de cien mil pesetas de 1910, lo que suponía la quinta parte del coste del edificio. Después de mucho discutir, el Ayuntamiento de Barcelona tomó un sorprendente y admirable acuerdo, en el sentido de considerar la Casa Milà obra de interés artístico y, por tanto, no sujeta a ordenanzas. Gaudí quedó tan satisfecho de este acuerdo que pidió un certificado con el extracto del acta, que le fue entregado.

La obra de *La Pedrera* era demasiado compleja y distinta de las demás y forzosamente tenía que engendrar problemas. Bayó se dio cuenta de que el precio ofrecido para la construcción de la fachada era insuficiente, vista la cantidad de veces que tenía que mover las piedras antes de dejarlas en su sitio. Gaudí certificó la diferencia de precio y Milà pagó sin rechistar. Parece que, además de la pelea por el grupo de Mani, hubo también discusión a propósito de la pintura de los vestíbulos, que en principio tenían que ser obra de Clapés y finalmente acabaron en manos de Ivo Pascual, Javier Nogués y Teresa Lostau, copiando unas fotos de tapices del Real Patrimonio. Gaudí estaba de mal humor, ya se verá después el problema de su enfermedad y estancia en Puigcerdà; en Mallorca había igualmente roces con el Cabildo; total que Milà y Gaudí partieron peras finalmente por una cuestión de honorarios. Gaudí pleiteó con los señores Milà-Segimón, pidiendo cien mil pesetas de honorarios. Ganó el pleito; Milà tuvo que hipotecar la casa para pagarle y Gaudí entregó el importe de los honorarios a una comunidad religiosa para demostrar que había luchado por el fuero y no por el huevo.

En la obra de Milà, Gaudí fue ayudado por Jaime Bayó,

Domingo Sugrañes y Juan Canaleta, jóvenes arquitectos entusiastas de las innovaciones del maestro. Una de las más extraordinarias realizaciones de Gaudí en esta casa son los cielos rasos de cañizo y yeso. Una vez concluido el forjado, Bayó dejaba colgando los listones de madera llamados candelas, que cortaba a la medida que le facilitaban los arquitectos auxiliares. Luego se fijaba el cañizo y el yesero daba la primera mano de revoco. Volvían los auxiliares y entonces dibujaban sobre el yeso las formas sinuosas que Gaudí les había facilitado. De nuevo el yesero procedía a realizar con escayola los distintos dibujos en relieve, diferentes en todas las habitaciones de la casa. Un mundo irreal se percibe paseando por estos pisos de la Casa Milà, con sus techos moviéndose como la superficie rizada de un lago. En algunas habitaciones hay representaciones e inscripciones. En una sala de estar aparecen en tres de los lados una cruz, una bandera cuatribarrada y un corazón: son la Fe, la Patria y el Amor de los Jocs Florals. En el cuarto lado está la firma del arquitecto. Alrededor de la lámpara central de un dormitorio, y formando un círculo, se puede leer: *Oh Maria, no't sàpiga greu lo ser petita, també ho són les flors y ho són les estrelles* (Oh, María, no te duela ser pequeña, también lo son las flores y las estrellas), versos del poeta Francisco Matheu. La expresión Ave María aparece repetida innumerables veces, y otras leyendas de este tipo aparecen en bajorrelieve en las columnas del piso principal. Además de una obra de arte de primera magnitud, *La Pedrera* es un inmenso cántico mariano.

## La iglesia de la Colonia Güell

La colonia obrera que don Eusebio Güell construyó alrededor de su fábrica de panas y veludillos en Santa Coloma de Cervelló, a quince kilómetros de Barcelona, prosperó rápidamente y no sólo en el aspecto económico, sino también por buena organización social y cultural. Desde 1890 se había

utilizado como iglesia de la colonia una pequeña capilla aneja a la antigua masía o casa de campo que habitaba Güell en sus estancias en el lugar, pero pronto fue insuficiente para la comunidad obrera, que contaba con orfeón, equipos de fútbol y otros deportes, cooperativas, teatro y otras atenciones y servicios. Algunos de los edificios de la colonia fueron obra de Berenguer y de Rubió, y otros, de maestros de obras locales. Gaudí fue solamente requerido para diseñar la nueva iglesia.

Parece que empezó a estudiar el proyecto en 1898, pero la primera piedra no se colocó haba octubre de 1908. Entretanto, Gaudí había iniciado el estudio de una estructura, que al mismo tiempo era decoración, para un edificio basado en principios inéditos en la historia de la arquitectura. La iglesia de la Colonia Güell, de la que sólo se hizo la cripta, consagrada en 1915, pues la obra quedó interrumpida definitivamente en 1917, está rodeada de muros en forma de paraboloides hiperbólicos con un pórtico donde hay bóvedas tabicadas, cuya forma geométrica es también el paraboloide hiperbólico, y una nave con columnas inclinadas, entre ellas las cuatro centrales, que son fragmentos de basalto que proceden del órgano volcánico de Castellfollit de la Roca, en la provincia de Gerona, y una solera sostenida por delgados arcos escarzanos de ladrillo. Lo más singular de esta estructura era su sistema de cálculo, basado en la propiedad física de una cuerda que, estirada por los pesos de unos saquitos con perdigones, adopta una forma que corresponde, al invertirla, a la línea de presiones de un arco comprimido cargado con pesos proporcionales a los de los saquitos. De este modo, determinando las cargas y suspendiendo pesos proporcionales mediante estos sacos de un conjunto de bramantes, se conseguía la forma ideal de la estructura sin aplicación alguna de fórmulas de cálculo. Fotografiando el conjunto de cordeles con sus

◀ Cripta de la iglesia de la colonia obrera de la fábrica de don Eusebio Güell, en Santa Coloma de Cervelló antes de las reformas recientes.

Interior de la cripta de Santa Coloma de Cervelló.

pesos e invirtiendo la foto, Gaudí obtenía la forma óptima para la iglesia y dibujaba encima de la foto los complementos decorativos. Fue ayudado por Berenguer, Canaleta y un inge-

Estructura polifunicular para la iglesia de la Colonia Güell.

niero alsaciano, Eduardo Goetz, que trabajaba en la Compañía de Aguas de Barcelona. Gaudí visitó numerosas veces esta obra, que se convirtió en su predilecta, resolviendo magistral-

mente los problemas de su arquitectura nueva y exclusiva. Mucho debió de dolerle a Gaudí la interrupción de los trabajos y la no continuación de su experimento arquitectónico. A pesar de todo, la cripta, única parte medio terminada del conjunto, está considerada como uno de los monumentos más insignes de la historia del arte.

◀ Proyecto de la iglesia de la Colonia Güell dibujado por Gaudí. Esta iglesia nunca llegó a ser una realidad.

# 8. Los últimos momentos

En este punto de la vida de Gaudí se produce una serie de hechos que serán determinantes para el futuro del arquitecto. La información que sobre los mismos se tiene no es lo suficientemente extensa ni clara, por lo que algunos puntos han de quedar forzosamente en la sombra.

Según explicó Juan Matamala con todo lujo de pormenores, aunque sin que se haya podido obtener comprobación documental alguna, hacia 1908 Gaudí recibió la visita de unos hombres de negocios de Nueva York que le propusieron construir en aquella ciudad un enorme hotel. De ser cierto el hecho, y hay buenas razones para no echarlo en saco roto, significaría la posibilidad de consagrar la figura de Gaudí internacionalmente, abriéndole las puertas del país de las grandes oportunidades. Siguiendo lo escrito por Matamala, esta relación con los americanos se prolongó durante un tiempo y luego quedó cortada en seco. Por otra parte, entre abril y junio de 1910, se celebró una magna Exposición Gaudí en el Grand Palais de París, financiada por don Eusebio Güell, y en la que figuraban casi un centenar de ampliaciones fotográficas y modelos de tamaño natural de la Sagrada Familia y el palacio Güell. La crítica fue entusiasta en muchos casos y se escribió muchísimo sobre ello en prácticamente todas las revistas de arte de Francia y en los periódicos españoles. Gaudí tenía poca fe en el sentido clasicista de los arquitectos franceses y comprobó que, a pesar de críticas muy favorables de los técnicos, en general su obra fue considerada como la de un excéntrico y mal comprendida. Vino a agriar la cuestión el hecho de que un crítico tomó la Sagrada Familia como un símbolo católico contra el protestantismo, llevando la discusión a un terreno donde las cuestiones de arte quedaban en segundo plano. Gaudí se negó a ir a París y declinó muy educadamente la invitación que le formuló, por tercera persona, don Eusebio Güell. Se conocen algunos pormenores de la preparación de los objetos que tenían que ir a París cuando se ordenaron en el taller de la Sagrada Familia. Algunos estudiantes de arquitectura, como Juan Bordás Salellas y otros, trabajaron como delineantes, aunque Gaudí no quería que se preocuparan demasiado en hacer unos planos muy pormenorizados. «No tenemos que examinarnos», era la frase de Gaudí al respecto. Lo cierto es que con motivo de la exposición se vio obligado a preparar una planta completa del templo y terminar el proyecto de la fachada del Nacimiento, cuyo modelo de yeso, policromado por Jujol, fue una de las piezas de la exposición. Siendo su arquitectura perfectamente cromática, quiso que, además de la maqueta aludida, figurasen en París vistas de sus obras mediante transparencias estereoscópicas coloreadas a mano que se podían mirar a través del *taxiphot.* También mandó un cuadro de grandes dimensiones pintado por Alejo Clapés, con ayuda de Berenguer, representando la Casa Vicens. Los modelos de yeso fueron realizados por el que fue profesor de modelado en la Escuela de Bellas Artes, señor Ghiloni.

Parte de los planos y fotografías de esta exposición fueron presentados, en mayo de 1911 en el I Salón de Arquitectura, celebrado en el Retiro de Madrid, por la Asociación de Arquitectos de Cataluña, en cuyo poder quedaron muchas de las grandes ampliaciones fotográficas realizadas por Mas y Cuyàs y por las que Güell pagó más de veinte mil pesetas. También en Madrid la crítica fue muy favorable a Gaudí, aunque siempre haciendo la salvedad de sus formas fuera de lo habitual y por tanto sometidas a controversia. En este punto del relato se produce una inflexión. Gaudí parecía en la cúspide de su éxito. En 1910 dirigía *La Pedrera*, la restauración de la Seo mallorquina, la Sagrada Familia y, al parecer, se ocupaba en un gran proyecto de hotel en Nueva York. Sus obras fueron exhibidas con pompa en París y en Madrid. Además, seguía construyendo la cripta de la iglesia de la Colonia Güell.

En primavera, Gaudí se desplazó a Vic, al parecer por consejo del jesuita padre Ignacio Casanovas, por encontrarse muy débil y demacrado. Se desconoce la causa exacta de este estado del arquitecto, que se ha atribuido a una anemia cerebral o a depresión nerviosa. Uno de los biógrafos de Gaudí atribuyó la circunstancia al desengaño por el poco éxito de la exposición de París, pero esto no tiene sentido, pues la estancia de Gaudí en Vic parece documentada en marzo de 1910 y la exposición se inauguró en abril. Se instaló en casa de la familia Rocafiguera para ver si la tranquilidad y los aires puros le abrían el apetito y conseguían que ganase unos cuantos kilos de peso. Al parecer, Gaudí presentaba aspecto melancólico, apenas comía y parecía aburrirse de lo lindo. Entonces fue a visitarle el farmacéutico de Vic señor Vilaplana, con el cual dio largos paseos por los alrededores de la ciudad. A pesar de su estado, tanto Vilaplana como otras personas de su entorno pudieron comprobar que cuando se le llevaba la contraria podía mostrarse violento y enérgico. La conclusión que Vilaplana sacó de Gaudí es muy interesante: dijo de él que era un buen hombre, incapaz de hacer daño a nadie, tozudo como ninguno, un cristiano sencillo y de una sobriedad impresionante.

Estando en Vic se le pidieron ideas para el centenario del filósofo Jaime Balmes, y a pesar de haber pensado en una reforma urbana, lo único que se hizo fueron unas farolas, con la colaboración de Canaleta y de Jujol.

El hecho es que Gaudí debió dejar el trabajo durante tres semanas en 1910 y, en 1911 contrajo unas fiebres de Malta que le obligaron a ir, en junio, a Puigcerdà, capital de la Cerdaña, donde, en compañía de su amigo el doctor Pedro Santaló, quedó instalado en el hotel de Europa. Su estado se agravó, y el 11 de junio, creyendo llegada su última hora, hizo testamento ante el notario de Puigcerdà, don Ramón Cantó Figueres. En el año 2000 se pudo localizar una copia del mismo documento, pero por desgracia, destruido en julio de 1936. Medio año después de este triste momento, una nueva desgracia cayó sobre Gaudí, pues el 11 de enero de 1912 falleció su sobrina Rosa Egea, a los treinta y seis años, en la casa del Parque Güell, en la que el arquitecto vivió completamente solo desde entonces. De Rosa Egea Gaudí se sabe que era muy vivaz y encantadora y que cuidó de su abuelo y de su tío durante años después de haber pasado su infancia en el colegio de Jesús-María de Tarragona. Dos años después moría Francisco Berenguer Mestres, su fiel colaborador desde 1885 o 1886. Siguió Gaudí trabajando y se sabe que proyectó los púlpitos para la iglesia de Blanes en 1912; es probable que interviniera en un proyecto de panteón para la familia Nonell, en Lloret de Mar, con escultura de Ismael Smith. Por encargo de su amigo el obispo de Vic, doctor Torras i Bages, realizó en 1915 una visita a la catedral de Manresa para informar, junto con sus colegas José Font y Gumà y José Pericas Morros, sobre el proyecto de restauración redactado por Alejandro Soler i March. La descripción de la visita a Manresa es muy sustanciosa y se conoce por un artículo de Soler i March. En 1915 los arquitectos fueron en tren a Manresa. Al llegar, indicaron a Gaudí que lo mejor era desayunar en la fonda de la estación, cosa a la que Gaudí se negó, yéndose a dar una vuelta mientras los otros comían. En la catedral quisieron mostrarle un espléndido retablo gótico, pero pasó de largo para quedarse admirando el retablo barroco del Ángel Custodio. Los canónigos acudieron a recibir a Gaudí y a sus colegas vistiendo el hábito rojo, privilegio de los cabildos de la Corona de Aragón, pero el arquitecto no se impresionó y comenzó un interrogatorio acerca del lugar de la capilla del Santísimo y de diversas cuestiones litúrgicas de las que demostró tener un gran conocimiento. En principio dio un informe negativo del proyecto de Soler i March en una reunión que tuvieron en la Sagrada Familia, pero luego cambió de opinión y se excusó por sus anteriores manifestaciones, un tanto destempladas. Pidió una cantidad bastante crecida en concepto de honorarios, pero cuando le fue pagada la donó a las obras de la Sagrada Familia y consiguió que sus colegas hicieran lo mismo. Hay que tener en cuenta que en 1915 una fuerte crisis económica estuvo a punto de paralizar las obras, otro contratiempo para Gaudí, que se dedicó a pedir insistentemente a sus amigos y conocidos como si fuera un mendigo. La Asociación de Arquitectos de Cataluña organizó una colecta entre sus socios y consiguió reunir unos miles de pesetas. Gaudí acudió personalmente a la sede de la asociación, en la calle de Santa Ana, para dar las gracias al entonces presidente Buenaventura Bassegoda Amigó.

En 1916 falleció su amigo José Torras i Bages, obispo de Vic, al que conocía desde el tiempo en que era canónigo junto con Jaime Collell. Gaudí sintió mucho la muerte de Torras y proyectó un monumento que debía ser erigido frente al portal de la Pasión. Por este tiempo puede decirse que Gaudí no quiso hacer otra obra que no fuera la Sagrada Familia. Solamente se conocen algunos proyectos aislados entre 1914 y 1926, como son el informe sobre iluminación de la catedral de Barcelona (solicitado en 1911), un croquis para un monumento, no realizado, a Prat de la Riba, en Castellterçol (1918), y unos estudios para la capilla de la colonia obrera Calvet, de Torelló.

La soledad de Gaudí se acentuó con la muerte de su amigo y mecenas Eusebio Güell Bacigalupi, acaecida el 9 de julio de 1918, en su casa del Parque Güell. Gaudí asistió al entierro de su protector, a quien tanto debía.

En la Sagrada Familia había conseguido levantar la fachada del Nacimiento, fachada que tuvo la oportunidad de explicar al nuncio de Su Santidad, monseñor Ragonesi, el 2 de julio de 1915, al rey Alfonso XIII y a numerosas personalidades y grupos de estudiantes o de arquitectos. Cuando el congreso de arquitectos de 1916 invitó al presidente de la Asociación Central, don Amós Salvador, le mostró con orgullo el pequeño edificio de las escuelas. En 1922 el franciscano chileno Angélico Aranda encargó a Gaudí una capilla dedicada a la Virgen de los Ángeles en Rancagua. Gaudí, a través del secretario de la Junta Constructora de la Sagrada Familia Juan Martí Matlleu, mandó los planos de la capilla de los Ángeles prevista para detrás del ábside de la Sagrada Familia. La obra está por realizarse actualmente gracias al entusiasmo de un grupo de chilenos.

De estos últimos años son las frases que recogieron sus admiradores. Isidro Puig Boada las ha reunido todas en un volumen que permite conocer el pensamiento de Gaudí. Otras fueron captadas por Ràfols, que las incluyó en su libro biográfico de 1929; una serie de más de doscientas de ellas fueron coleccionadas por Juan Bergós Massó, que se dedicó a acompañar a Gaudí en los largos paseos de los domingos por la mañana, después del oficio en la catedral, hasta el faro de la escollera. Otras fueron amorosamente reunidas por César Martinell, que las publicó en sus libros gaudinistas. Toda vez que Gaudí no dejó apenas nada escrito, es necesario referirse a estas enseñanzas orales para tratar de entender su personalidad.

Algunas no tienen, desde luego, desperdicio. Así, cuando dijo: «Sólo hay una clase de personas autorizadas a decir tonterías, los tontos». O la muy famosa «la originalidad es volver al origen», este origen que para Gaudí era la naturaleza como obra de Dios. También dijo que el gran libro de arquitectura es la naturaleza.

En otras ocasiones Gaudí sostenía que el pensamiento no es libre, sino esclavo de la verdad. La libertad, dijo, no es cosa del pensamiento, sino de la voluntad.

Decía de sí mismo que era hombre de acción y no de palabras. No fue demasiado partidario de la ciencia por la ciencia, sino como auxiliar del arte: «El arte, que es masculino, fecunda a la ciencia, que es femenina». Las cosas científicas se demuestran y enseñan por medio de principios; los hechos se comprueban con la experiencia. Sólo quien se equivoca muchas veces llega a acertar. De la discusión no sale la luz, sino el amor propio.

Una de sus frases es especialmente significativa: «Conviene no confundir la pobreza con la miseria. La primera conduce a la elegancia y la belleza; la segunda al hambre y al rencor. La riqueza sólo lleva a la opulencia y la complicación». «El arte es la belleza y la belleza es el resplandor de la verdad, sin la cual no hay arte.»

Las frases de Gaudí son su auténtico pensamiento, su real testamento espiritual y también el único camino para aproximarse a su concepto de la vida.

## El accidente

En diversas ocasiones había manifestado que era su deseo morir en el hospital, entre los pobres. Pensaba con razón que la hora suprema debe vivirse en pobreza, pues nada iguala más en la carencia que la muerte, más allá de la cual no puede tenerse otra pertenencia que los vicios y las virtudes ante el Supremo Juicio.

José M.ª de Dalmases Bocabella, miembro de la Junta del Templo de la Sagrada Familia, publicó en *El Propagador de la Devoción de San José* de los días 1 y 15 de julio de 1926 un relato muy completo del accidente y la muerte de Antonio Gaudí. Contiene algunos errores y no coincide exactamente con otras descripciones de testigos presenciales de las últimas horas del maestro, pero, junto con las demás aportaciones a la historia del hecho, permite establecer una crónica bastante pormenorizada de lo acaecido entre el 7 y el 12 de junio de 1926 en Barcelona.

Desde octubre de 1925 Gaudí dejó de recogerse en su casa del Parque Güell y se quedó a dormir en su estudio de la Sagrada Familia debido a la enfermedad de su colaborador Lorenzo Matamala, que ya no pudo acompañarlo cada noche a la casa del Parque Güell. Allí permanecía toda la jornada a pie de obra, hasta que, sobre las cinco y media de la tarde, dejaba el templo y se encaminaba a la iglesia de los Padres del Oratorio de San Felipe Neri, en la plaza de este nombre, junto al antiguo cementerio de la catedral e iglesia de San Severo. El recorrido lo hacía a pie, pues creía que le era muy necesario el ejercicio para su reumatismo, ya que seguía las prescripciones higiénicas del abate Sebastián Kneipp (1821-1896), creador de la hidroterapia. El recorrido lo hacía muy lentamente, calzados sus pies con zapatillas de felpa y suela de goma de las llamadas «silencios», mientras sus tobillos iban envueltos con vendas de lana. Su camino consistía en recortar la cuadrícula del Ensanche barcelonés hasta llegar a la Puerta del Ángel. En este zigzag descendía hasta la calle Cortes, que cruzaba a la altura de la de Bailén, es decir junto a la plaza de Tetuán, y de ésta a la de Urquinaona, para seguir por Fontanella hasta la Puerta del Ángel y de aquí, por la calle Arcs, a la plaza Nueva, calle del Obispo, San Severo y San Felipe Neri. Permanecía en el oratorio hasta que éste cerraba sus puertas y rehacía el camino hasta la plaza de Urquinaona, donde compraba la edición de la tarde de *La Veu de Catalunya* y regresaba al templo, donde llegaba sobre las diez de la noche. En la iglesia de San Felipe Neri tenía Gaudí a su director espiritual, el padre Agustín Mas.

El lunes 7 de junio de 1926, más o menos a las cinco y media de la tarde, Gaudí salió del templo tomando su ruta habitual y llegando a la calle de Bailén a las seis, momento en el que se dispuso a cruzar la calle Cortes. En aquel tiempo esta calle, conocida como la Gran Vía, estaba compuesta al modo de bulevar con dos arroyos laterales, dos aceras con doble hilera de árboles y calzada central de doble circulación. En el eje de esta calzada central se levantaban unas columnas de hierro colado que en lo alto sostenían un farol de arco voltaico y, debajo de éste, dos vigas en voladizo con un tirante superior que sostenían las dos catenarias de los hilos de conducción eléctrica de los tranvías que circulaban en ambas direcciones. Una de las líneas de la Compañía de Tranvías de Barcelona que discurría por esta avenida era la número 30, llamada «de la cruz roja», por llevar este distintivo. El trayecto completo era de Arco de Triunfo a plaza de Cataluña y plaza de Palacio. Para la compañía, la línea ascendente era la que iba de plaza de Cataluña a plaza de Tetuán, y descendente, la contraria.

A las seis y cinco minutos de la tarde del lunes 7 de junio de 1926, Antonio Gaudí se disponía a cruzar la Gran Vía entre las calles de Gerona y Bailén. Cruzó la calzada lateral, la acera del bulevar y la vía del tranvía descendente, y, cuando iba a cruzar la ascendente, vio un tranvía que se le acercaba procedente de la parte de la calle Gerona. Al verlo se echó para atrás y entonces fue golpeado por otro que circulaba en sentido de plaza Tetuán a plaza de Cataluña. Ésta es la explicación que facilitó espontáneamente al juzgado el conductor del tranvía que dio el topetazo a Gaudí. Es, asimismo, la más verosímil y la del testigo de vista más directo. Un subdirector de la compañía facilitó otra versión diciendo que Gaudí, al intentar salvar el burladero o bordillo de la pequeña isleta, en donde se levantaba el poste-farola situado al final de la calle Bailén, perdió pie, golpeó con la cabeza contra el poste metálico y cayó de espaldas encima de la vía, donde lo arrolló el tranvía. Esta explicación es poco verosímil, pues Gaudí andaba muy pausadamente, y aun cuando, con lo distraído que era, hubiese podido tropezar con el poste, nunca lo hubiera hecho con la fuerza suficiente como para salir proyectado de espaldas al suelo. Además, se contradice con lo dicho por el conductor.

Los hechos inmediatamente posteriores al atropello no están demasiado claros, aunque es posible seguir todo el curso de los acontecimientos desde la Gran Vía esquina Bailén hasta el Hospital de la Santa Cruz.

Se conoce el parte de la Guardia Urbana, que dice textualmente: «Distrito 4º, Brigada 2.ª.–Concepción.–n.º 225.–Según nota del guardia n.º 53, Silverio Silvestre, a las 18,30 horas de hoy ha sido auxiliado en la casa de socorro de la Ronda de San Pedro el que dijo llamarse Antonio Gaudí, ignorando más datos a causa del estado del herido, el cual presentaba contusión en el hipocondrio derecho y conmoción general de pronóstico reservado, causados en la calle de las Cortes frente a la de Bailén, por haberle atropellado un tranvía de la línea n.º 30, según atestiguan Antonio Roig, empleado de las oficinas del puerto franco, y Antonio Noria, socio de la Real Colombófila, los que requirieron el auxilio para transportar al paciente para ser auxiliado a los "chauffeurs" de los auto-taxis B-5.889, B-13.270, B-18.412 y B-18.873, negándose éstos a prestar dicho servicio, pasando el herido, después de curado, al hospital de la Santa Cruz y de cuyo diagnóstico se hizo cargo un individuo del Cuerpo de la Guardia Civil que pasaba por el lugar del suceso.–Lo que participo a V. para su conocimiento.–Barcelona, 7 de junio de 1926.–El auxiliar, Manuel Bertrán.–Es copia. El Jefe Superior.»

Este documento merece un comentario, pues aclara muchas cosas y enturbia otras. Es interesante saber que hubo dos testigos, ambos llamados Antonio, como Gaudí, que dieron confirmación de la hora y del lugar del suceso. El parte médico, que transcribe parcialmente la nota, habla de un golpe en la parte derecha del bajo vientre, lo cual no deja de ser sorprendente, habida cuenta que, al ser alcanzado por el tranvía descendente, tal golpe era más lógico que se hubiera producido en el lado izquierdo. También es extraño que Gaudí se identificara dando su nombre, a pesar de sufrir una conmoción general y de haber transcurrido más de media hora desde el atropello hasta su llegada a la casa de socorro o dispensario municipal de la Ronda de San Pedro.

Está luego la actitud de los taxistas, que se negaron a llevar al herido. Hecha la oportuna denuncia, ante el teniente de alcalde correspondiente, fueron multados los conductores de tales vehículos, cuyos nombres fueron hechos públicos para mayor escarnio. La multa alcanzó a tres de los conductores, ya que la cuarta matrícula recogida por los testigos estaba mal anotada y resultó no corresponder a un taxi. No es cuestión de volver a publicar otra vez el nombre de quienes negaron el auxilio; baste recordar que los coches eran un Fiat, un Ford y un Profos.

El parte refiere también la presencia de un guardia civil que se hizo cargo del diagnóstico. Se entiende la caritativa acción del miembro de la Benemérita, cuya actuación queda explicada por el parte del libro de registro de la casa de socorro de la Ronda de San Pedro, que contiene, sin embargo, otros errores de bulto. Por este libro se sabe que el herido se llamaba Antonio Gaudí Cornet, de ignorados naturaleza, estado y oficio. Esto parece indicar que Gaudí pudo decir su nombre pero nada más, y que no llevaba encima ningún documento en el que figuraran sus circunstancias personales. En cuanto al diagnóstico, de conmoción general de pronóstico reservado, es el mismo que figura en el parte de la Guardia Urbana y corresponde al único que, de manera muy somera, se le hizo antes de ingresar en el hospital de la Santa Cruz. Por lo que se refiere al tratamiento, dice el libro de registro que se le pudo hacer ingerir un antiespasmódico. Están equivocados la hora (menciona las 18) y el lugar (pues indica paseo de Gracia). En cambio, proporciona un dato interesante: el nombre del guardia civil que le condujo a la casa de socorro, que resultó ser don Ramón Pérez Vázquez, del Tercio 21. Justo es recordar el nombre de quien, cumpliendo con las ordenanzas del benemérito cuerpo, se cuidó de llevar al herido al lugar de socorro más próximo. Desde la casa de socorro de la Ronda, el maltrecho cuerpo de Gaudí pasó al hospital de la Santa Cruz, entonces ubicado en el antiguo caserón gótico de la calle del Hospital.

Entretanto transcurrieron las horas, y, a las diez y media de la noche, el guardián del templo, que tenía a su cargo, con su familia, la habitación y alimento de Gaudí, avisó al cura custodio, mosén Gil Parés, de la ausencia del arquitecto. Aguardaron un rato y, convencidos de que algo anómalo sucedía, se alquiló un taxi que llevó al portero a las distintas casas de socorro. Precisamente la primera de ellas visitada era la de la Ronda, y allí le informaron que sobre las seis habían asistido a un anciano de barba blanca atropellado por un tranvía en la calle Cortes, que no pudieron identificar (se supone que el funcionario no consultó el libro de registro, pues allí figuraba el nombre), y que le parecía que le habían enviado al hospital

Clínico. El guardián del templo volvió con la noticia a la Sagrada Familia y entonces, en el mismo taxi, mosén Parés salió hacia el Clínico, recogiendo de camino al arquitecto auxiliar, Domingo Sugrañes, que vivía en la Ronda de San Pedro número 25. Al llegar al Clínico se encontraron con que no había ingresado ningún herido, pero sí un cadáver, que solicitaron ver, comprobando que no era el de Gaudí. Desde el mismo hospital telefonearon a la casa de socorro, donde les dijeron que, dado que la distribución de los accidentados a los distintos hospitales la hacían los conductores de las ambulancias, muy bien pudiera ser que le hubieran llevado a la Santa Cruz en lugar de al Clínico. Eran ya las 12 de la noche. Mosén Parés y Sugrañes se personaron en el hospital y preguntaron por Gaudí, siendo informados de que allí no debía de estar, pues en otro caso tendrían conocimiento de ello. Insistieron por si había entrado con nombre equivocado y entonces se averiguó que en el turno anterior, y sobre las ocho de la tarde, había ingresado un hombre atropellado que pasó a la sala de traumáticos de Santo Tomás. Fueron a la sala mencionada y encontraron a Gaudí inconsciente y de aspecto gravísimo. Conversaron con el doctor Prim, médico de guardia, que les informó del fuerte topetazo sufrido por el paciente. Después de esto regresaron mosén Parés y Sugrañes a sus respectivos domicilios. Al día siguiente, a las seis de la mañana, mosén Parés dejó recado al tesorero de la junta del templo, señor Dalmases, que pasaría a recogerle a las ocho y cuarto para ir al hospital junto con Sugrañes y el presidente de la junta, que a la sazón lo era el canónigo maestrescuela don Francisco de P. Parés. Al propio tiempo se anunció el caso al director espiritual de Gaudí, padre Agustín Mas.

El grupo formado por las cuatro personas aludidas se dirigió a la sala de Santo Tomás, donde estaban practicando un reconocimiento al herido los doctores Trenchs, Homs y otros. Estaban presentes los canónigos Vilaseca y Auguet, de la Junta del Hospital, y el prior del mismo, padre Botey. Del reconocimiento se dedujo que había conmoción cerebral, varias costillas fracturadas y posible fractura de la base del cráneo. Tenía contusiones en pies y piernas y erosiones en la mejilla y oreja izquierdas.

El herido había recibido la extremaunción y se encontraba en la cama número 19 de la sala de Santo Tomás. Los miembros de la Junta propusieron al equipo médico el traslado de Gaudí a una clínica particular, pero los médicos desaconsejaron el traslado en ambulancia, aunque permitieron que fuera instalado en un cuarto con una única cama, encima de cuya cabecera había una litografía de San José y unos grandes rosarios de Lourdes.

Una vez instalado en esta habitación, Gaudí pareció recobrar la consciencia, aunque no la palabra. Los sacerdotes que le rodeaban le preguntaron si quería recibir el viático, a lo que Gaudí asintió con la cabeza. Se encontraba enyesado y, por tanto, con el tórax rígido y tenía dificultades para mover el maxilar, dañado igualmente en el accidente, por lo que tuvo que hacer un gran esfuerzo al comulgar. Quedó luego sumido en un sopor, aunque empezó a articular algunas palabras; se le oía decir «Dios mío, Dios mío».

Al conocer la ciudad la noticia se movilizó totalmente y se interesaron por el enfermo el obispo de la diócesis, el presidente de la Diputación y el alcalde. Fueron numerosas las personas, en especial arquitectos, que acudieron al hospital interesándose por Gaudí. Durante todo el día 9 continuó la gravedad y en la mañana del 10 empeoró visiblemente. A primera hora de la tarde aparecieron complicaciones cardíacas, por lo que a las cuatro y cuarto se rezó la recomendación del alma y, a las cinco, la misa de agonía en la capilla de Santa Elena del hospital. Reaccionó sobre las siete y cuarto, el color volvió a sus mejillas y sonrió a quienes le rodeaban, entre los que estaban los arquitectos César Martinell, Buenaventura Conill, Domingo Sugrañes, Luis Bonet Garí y otros.

Sin embargo, pronto cesó la mejoría y la vida de Gaudí se fue apagando lentamente hasta las cinco y ocho minutos de la tarde del 10 de junio, en que expiró. Inmediatamente fue amortajado con el hábito de la Cofradía de Nuestra Señora de los Dolores.

Comunicada la noticia a las autoridades, se reunió en el hospital la Junta del Templo de la Sagrada Familia con los albaceas testamentarios de Gaudí, cuyo testamento redactó en Puigcerdà en junio de 1911. Fueron albaceas el doctor Pedro Santaló Castellví, antiguo y fiel amigo del arquitecto; el arquitecto Domingo Sugrañes Gras, su auxiliar en la Sagrada Familia, y el capellán custodio del templo, reverendo Gil Parés. Sugrañes sustituyó como albacea a Francisco Berenguer Mestres, fallecido en 1914. En el testamento se dejaron todos los bienes de Gaudí a la Sagrada Familia, a excepción de unas entregas a Juan Rubió y al doctor Santaló, así como disposiciones acerca de la ausencia de pompas en el entierro.

Pronto llegaron los testimonios de pésame del alcalde de la ciudad, barón de Viver, del gobernador civil, general Milans del Bosch, y del obispo José Miralles Sbert.

El 11 de junio se instaló el cadáver en la capilla ardiente y se celebraron las primeras misas a cargo del prior del hospital, el cura de la casa Comillas y el capellán custodio del templo.

Se organizó el entierro, que inicialmente tenía que seguir el recorrido por la calle del Hospital, Ramblas, calle de Fernando y del Obispo, entrar en la catedral por la puerta de Santa Eulalia, del claustro al interior de las naves por la del crucero, salida por la puerta principal, calle del Obispo, plaza Nueva, calle Arcs, plaza de Santa Ana, Puerta del Ángel, plaza de Cataluña, paseo de Gracia y calle de Mallorca hasta la Sagrada Familia.

Por ser la causa de la muerte un accidente, se practicó la autopsia en el cuerpo de Gaudí por los médicos forenses doctores Bravo y Trías, cuyo dictamen fue el siguiente: «Fallecimiento por trastornos mecánicos en la capacidad del funcionamiento del cerebro y la médula por la presión de derrames en la cavidad donde se hallan contenidos y del corazón a consecuencia de quedar impedido en sus movimientos por la sangre vertida en el pericardio y la simultánea vulneración de estos órganos de tanta importancia vital, y aunque ha sobrevivido más de sesenta horas a lesiones tan considerables, la vida en este lapso de tiempo ha estado limitada al cumplimiento de las acciones más necesarias y puramente orgánicas».

El cuerpo fue embalsamado por el sistema «Aeternitas» y colocado en un ataúd de roble sin adornos de metal. Se decidió que la inhumación se haría en la capilla de la Virgen del Carmen de la cripta que es la inmediata a la escalera del lado del Evangelio. La fosa se excavó en los propios sillares de la cimentación del templo y fue cubierta con una lápida de pórfido con la inscripción: «Antoni Gaudí i Cornet, al cel sia».

El 12 de junio llegó la autorización pontificia para el enterramiento en el templo, que completaba la que dio el gobierno de la nación. Este mismo día, el jefe de ceremonial del Ayuntamiento comunicó la variación en el itinerario del cortejo fúnebre, ya que se esperaba una gran asistencia de público que podría producir dificultades en el tránsito urbano. Se decidió que se saldría del hospital por la calle del Carmen, siguiendo el recorrido ya establecido hasta el paseo de Gracia, pero que torcería por la calle de Caspe hasta el paseo de San Juan, calle Valencia y Cerdeña hasta el templo.

Antes de colocar el cuerpo en el ataúd, el escultor Juan Matamala Flotats, hijo del señor Llorenç, el escultor colaborador de Gaudí desde los tiempos del parque de la Ciudadela, hizo la máscara mortuoria de yeso. En realidad, sacó molde frontal y occipital, de tal modo que reprodujo la cabeza entera de Gaudí. Esta pieza de yeso se guarda en la Cátedra Gaudí de Barcelona y diversas copias de bronce se hallan en museos y colecciones particulares.

A las cinco de la tarde del día 12 se formó el cortejo, precedido por la guardia urbana a caballo, la bandera de la Asociación de Devotos de San José y los sacerdotes con manteo. Seguían los porteros y bedeles de entidades artísticas, alumnos de la Escuela Superior de Arquitectura, trabajadores del templo y el clero del hospital con cruz alzada. Colocado el ataúd en el coche fúnebre, fue cubierto con el paño fúnebre de la Asociación de Arquitectos de Cataluña, diseñado por Buenaventura Bassegoda Amigó. Del ataúd pendían gasas que fueron llevadas por representantes del Circle Artístic de Sant Lluc, Amics de l'Art Litúrgic, Centre Excursionista de Catalunya, Orfeó Català, Lliga Espiritual de la Mare de Déu de Montserrat y los arquitectos señores Bonet, Ràfols, Puig Boada y Folguera. Seguían las personalidades de la presidencia oficial, seguida de la familiar y de una multitud enorme, hasta el extremo que cuando la cabecera de la comitiva llegaba a la catedral todavía seguía saliendo gente del hospital.

Al llegar a la puerta del claustro, el cabildo catedralicio y los beneficiados de San Severo aguardaban con la cruz alzada. Los alumnos de la Escuela Superior de Arquitectura llevaron el féretro en hombros en todo el recorrido por la catedral. Para el rezo del responso el ataúd fue colocado en la nave mayor, frente al presbiterio. A la salida de la catedral se despidió el duelo oficial. El cortejo pasó luego frente a la Casa Calvet, en la calle de Caspe, y también por delante de las Salesas, en el paseo de San Juan, hasta llegar al templo de la Sagrada Familia.

El féretro fue colocado en el presbiterio, se rezó un responso y el maestro Luis Millet dirigió al Orfeó Català, que interpretó el *Réquiem* de Tomás Luis de Victoria. Luego, a hombros de los obreros del templo, traspuso la puerta del Nacimiento y fue descendido a la cripta y depositado en la fosa. La losa sepulcral de Gaudí se rehízo en 1939 con una larga inscripción latina. La original de 1926 decía solamente: «Antoni Gaudí i Cornet, al Cel sia».

El 19 de julio de 1936 la cripta de la Sagrada Familia fue saqueada e incendiada por un grupo de anarcosindicalistas exaltados. La tumba de los Dalmases-Bocabella fue abierta y extraídos los cadáveres y, al parecer, se proponían hacer lo propio con la de Gaudí, cosa que logró impedir su antiguo colaborador Ricardo Opisso. Pocos meses después, la tumba de Gaudí fue abierta por la policía, pues el gobierno supuso que se escondían armas en su interior. La tumba quedó abierta, aunque el ataúd no fue profanado. En enero de 1939, a la entrada de las tropas de Franco, fue tapado provisionalmente el sepulcro y, a fines de aquel año, se decidió cerrarlo definitivamente. El 29 de diciembre de 1939, el director de las obras del templo, arquitecto F. de P. Quintana Vidal, sucesor de Sugrañes, fallecido en 1938, convocó a algunas personas que habían conocido a Gaudí para certificar que el cadáver era el suyo. Asistieron los arquitectos Quintana, Pericas, Puig Boada, Bonet Garí, el capellán del templo, que ya no era mosén Gil Parés, pues había sido asesinado en 1936, el arquitecto César Martinell, que dio cuenta del hecho en su libro de 1967, y otras cinco personas, contando a los albañiles.

Se levantó la tapa de madera y quedó a la vista la de zinc, con un cristal a la altura del rostro. Pudieron comprobar que la cabeza de Gaudí estaba echada para atrás, con la boca abierta, y el cuerpo cubierto con el hábito negro de la Cofradía de los Dolores. Las manos cruzadas sobre el pecho se habían separado, pero pudieron ver la izquierda sosteniendo aún el rosario. Luego, se colocó la tapa, se rehízo la solera de ladrillo y se fijó la losa de piedra. Los asistentes firmaron un documento de autentificación. Desde entonces, el cuerpo de Gaudí permanece en paz en la cripta del templo.

# 9. El templo expiatorio de la Sagrada Familia

Cuando Gaudí asumió la dirección de las obras del templo era un joven arquitecto de brillante porvenir, pero con escasa obra realizada. Desde 1883 a 1926 transcurrieron cuarenta y tres años que el arquitecto dedicó a esta obra, de los cuales los diez últimos fueron de dedicación exclusiva. Con Gaudí renació el arquitecto medieval constructor de catedrales, entregado a un solo edificio al que podía dedicar gran parte o toda su vida profesional. Tal es el caso de Guillaume de Sens, que trabajó en el último cuarto del siglo XII en la catedral de Canterbury y al que se conoce sólo por esta obra. Un accidente le dejó descalabrado, pero siguió trabajando, haciéndose izar a los andamios en una camilla. Gaudí compartió durante años la obra de la Sagrada Familia con sus demás creaciones, pero poco a poco fue encerrándose en este templo, cuyo sentido profundo llegó a conocer y en el que veía la posibilidad de perpetuar su sueño arquitectónico. El proyecto fue concretándose lentamente y por esta razón nunca le parecía momento de hacer unas trazas definitivas. La fachada del Nacimiento fue concretada por primera vez en la maqueta que se hizo para la exposición de París en 1910. Gaudí, al morir, dejó terminada la maqueta general del templo y claramente explicada la simbología de todos sus elementos, pero no fijó las técnicas constructivas, pues sabía que la evolución que se produciría en este campo proporcionaría a sus seguidores posibilidades que a él no le alcanzarían. Gaudí hizo la Sagrada Familia utilizando piedra de Montjuïc, pero las formas por él concebidas son igualmente factibles con otros sistemas de edificación.

Ahora el templo se halla inmerso dentro de la cuadrícula del Ensanche de Cerdá, casi completamente llena de edificaciones, pero cuando Gaudí empezó a trabajar allí no había otra cosa sino unos campos dentro del término municipal de Sant Martí de Provençals, que no se incorporó a Barcelona hasta 1897. El concepto general de la obra siempre estuvo en la mente de Gaudí, y así lo prueba la explicación que dio a los miembros de la Junta de la Asociación de Devotos de San José en marzo de 1891.

José M.ª Bocabella requirió a Gaudí para que expusiera sus planes acerca de la obra, y así, una mañana de domingo, después del oficio en la cripta y del desayuno, se congregó el grupo de josefinos en el soleado espacio encima de la recién cerrada cripta, y allí Gaudí comenzó a hablarles con vivacidad. «El templo –dijo– es la casa de Dios, casa de oración. Cuantos aquí nos reunimos tenemos el mismo espíritu cristiano que se tenía en los primitivos templos en las catacumbas de Roma, cuando rezaban, como nosotros, en una cripta. Bajo el suelo de Barcelona se ha construido ya el primer espacio del gran templo que anhelamos. En esta cripta se venerará el facsímil de la Santa Casa de Nazaret, transportada a Loreto. Dado que el terreno lo permite, se desarrollará totalmente el plan previsto en toda la extensión del solar. Sobre la cripta estará el altar mayor. La planta será de disposición basilical, con cruz latina y cinco naves, que en el transepto serán tres. Tendrá tres fachadas, la principal, sobre la calle de Mallorca, accesible por cinco puertas correlativas a las naves, y las laterales, con tres puertas para las tres naves. Cerrará el perímetro, por el lado norte, el ábside, cuyos muros serán continuación de los de la cripta.

»El templo será accesible en cada fachada por amplias escalinatas, pues éstas, a modo de basamento, imprimen ca-

Cripta del templo expiatorio de la Sagrada Familia, que Gaudí quería reproducción de la Santa Casa de Nazaret, venerada en Loreto. Fue lo primero que se terminó de este templo.

rácter a los edificios, así como grandeza y monumentalidad. Armonizaremos la traza gótica que condicionaba el plan de mi antecesor, el arquitecto Del Villar, con soluciones originadas en el estilo bizantino que se ajustan a la liturgia católica actual.

»Quisiéramos que el conjunto del templo fuera un verdadero símbolo, una obra de arte, a tono con la época que vivimos.

»El desarrollo del estudio sobre el primitivo plan nos permitirá una riqueza de elementos asimilable a lo que lograron los constructores medievales de catedrales.

El templo de la Sagrada Familia es indiscutiblemente la obra magna de Gaudí, en la que se concentran todos los aspectos de la evolución del arquitecto a lo largo de su vida. Quiso que fuera «un verdadero símbolo, una obra de arte a tono con la época que vivimos».

»Ostentará en el exterior las imágenes apologéticas y catequizantes para introducir a los fieles en la contemplación del mundo sobrenatural que se proyectará en el interior.

»Si en el proyecto de nuestro antecesor era un solo campanario el que se destacaba de la masa del templo, además del cimborrio, en nuestro proyecto emergerán de cada fachada cuatro campanarios, que con el conjunto de las tres fachadas representarán a los doce Apóstoles.

»Encima de los cruceros emergerán cuatro torres, representativas de los Evangelistas, alrededor del cimborrio principal. En el ábside se levantará otra, dedicada a la Virgen, de altura intermedia. El cimborrio principal, dedicado a Jesucristo, culminará con la cruz de cuatro brazos.

»La fachada que mira a levante estará dedicada al Nacimiento de Jesús, su infancia y adolescencia. En cada una de las tres puertas se representarán escenas de estas tres edades. Presidirá en la principal el acontecimiento de la venida de Dios al mundo. Coros de ángeles músicos y cantores rodearán a las tres personas de la Sagrada Familia. En frisos cercanos a la puerta se representará la adoración de los Reyes y de los pastores.

»En las puertas laterales seguirán representaciones de la infancia, entre las que destacará la figura de la Virgen María y del padre nutricio, San José. Sobre las tres arquivoltas y en las lonjas correspondientes se situarán figuraciones de la vida y glorificación de la Sagrada Familia.

»Cada una de estas puertas culminará superiormente con los símbolos de la Fe, la Esperanza y la Caridad.

»En la fachada de poniente estarán descritas las escenas del drama de la Pasión de Cristo, desde la entrada triunfal de Jesús en Jerusalén hasta el grupo de la Crucifixión, que presidirá en el parteluz de la puerta central. Una inscripción sobre

Fachada del Nacimiento, comenzada en 1891. Profusamente ▶ decorada con esculturas, está dedicada al nacimiento de Jesús, su infancia y adolescencia.

la cabeza del Redentor dirá "Veritas", Jesús es la verdad en la vida, es el sacrificio y el dolor.

»Algunas de las escenas tendrán su correspondiente inscripción, como la del Lavatorio, que ostentará la palabra "Vita", que concentra el sentido de la humildad y el amor, pues la vida es amor, sin amor ella no es posible; es su esencia.

»Encima aparecerá la Última Cena, cuando fue instituida la Eucaristía, y encima, la Oración en el huerto de Getsemaní, para entrar en las escenas de la Pasión, que estarán en las puertas laterales. Las tres arquivoltas son de austera desnudez y en ellas destacarán las escenas trágicas. Estarán cubiertas por un pórtico frontal y encima habrá una galería en cuyo frontón estarán representados, a cada lado, el León de Judá y el Cordero Místico. En el interior de la galería estarán las almas puras que aguardan la bajada del Redentor para entrar en la Gloria, así como a ambos lados de la galería estarán los patriarcas y profetas en su salida del Limbo. En el fondo de tal galería, el impresionante sepulcro vacío de Cristo resucitado. En el punto culminante de las dos alas de la galería, que formará ángulo, estará el Santo Nombre de Jesús, del cual arrancará la exaltación de la Santa Cruz rodeada de ángeles con alegorías del Antiguo y Nuevo Testamentos.

»En lo alto de la fachada, entre las cuatro torres, resplandecerá la Ascensión de Cristo con un séquito de ángeles. Esta representación, que confirma la divinidad de Cristo, induce ya a la contemplación de la tercera fachada o fachada de la Gloria, donde la representación de Jesús-Hombre ya no figurará.

»Esta fachada principal, de cara a mediodía, estará alineada con la calle de Mallorca. Como principal tendrá un fuerte contenido simbólico. Siendo el ideal supremo del hombre la glorificación de Dios, se honrará en la fachada a la Santísima Trinidad, a la Sagrada Familia, sus virtudes y ejemplaridad en el trabajo. Se expondrán todos los dogmas de Fe, Esperanza y Caridad. Y el estado del alma después de la muerte, con su castigo o su premio. Se glosarán escenas descritas en el *Apocalipsis* de San Juan. En el túnel, debajo de la explanada frontera a la fachada principal, donde discurrirá la calle de Mallorca, se verán alusiones a los condenados, monstruos en actitudes grotescas, ídolos del paganismo y heresiarcas que podrán contemplar a través de algunos orificios el triunfo de la Verdad de la Iglesia.

»La fachada presentará un pórtico cuyas columnas ostentarán en los capiteles los dones del Espíritu Santo y los símbolos de las virtudes, y en las bases, los vicios opuestos.

»Sobre las cinco puertas, un friso, y en voladizo en la parte central, los padres del linaje humano, Adán y Eva. Encima, San José con Jesús adolescente en su trabajo de carpinteros, remembranza y glorificación del trabajo humano de la Sagrada Familia.

»En el friso tienen que ir las almas del purgatorio que van purificándose a medida que se acercan al Redentor. Alrededor de San José habrá representaciones de todos los oficios manuales que usan el agua o el fuego. Encima, la imagen de la Virgen rodeada de santos, mártires, confesores y vírgenes.

»En las galerías altas, presidiendo la puerta central, el grupo de Cristo Nuestro Señor, con los atributos de la Pasión, rodeado de ángeles, la Majestad Divina en el momento del juicio de las almas. En las bóvedas del pórtico estarán representadas las Bienaventuranzas, y en el centro de la bóveda, una plasmación de la creación del mundo, según el Génesis. Junto a ella, la Santa Casa de Nazaret que cobijó a Jesús, como símbolo de la Caridad. A un lado, el Arca de Noé, y en el otro, la de la Alianza, símbolos de la Fe y la Esperanza, según se infiere de los textos sagrados.

»La bóveda del pórtico será iluminada por catorce lámparas y delante de la central estará Jesús en el trono de la Divinidad, entre la Virgen y San José, patrón de la Iglesia Universal. Encima de Jesús estará el Espíritu Santo, y, más arriba, el Padre Eterno, presidiendo el Universo. Aureolando la Santísima Trinidad en escala descendente estarán las jerarquías angélicas formando un círculo de alas.

»Nubes luminosas llevarán escrita la palabra "Credo" y serán visibles día y noche. También estará iluminada la parte alta de los campanarios con la leyenda "Gloria" de la alabanza de los cielos y tierra al Creador. Esta fachada, además de las cinco puertas correspondientes a las naves, tendrá otras dos flanqueantes para entrar a las capillas del Bautismo y la Confesión, desde las que se podrá pasar a las naves laterales o a los claustros, indistintamente.

»Detrás de las alas del transepto, junto al ábside, habrá dos grandes sacristías que comunicarán con el presbiterio y con los claustros. Éstos correrán alrededor del templo sin interrupción a lo largo de las fachadas, siguiendo por detrás del ábside, donde se levantará la capilla dedicada a la Asunción de la Virgen. Su extenso circuito permitirá realizar procesiones solemnes en tiempo lluvioso o frío. Tendrán también función aislante del ruido, separando las naves de la calle.

»El subsuelo de las naves laterales y parte del de los claustros estará destinado a escuelas de artes y oficios; así, junto a la iglesia, el pueblo hallará formación y cultura.

»En cuanto al interior, pensamos dotarlo de ambiente propicio para la devoción y fiel a las normas litúrgicas.

»Como hemos dicho, el altar mayor estará situado encima de la bóveda de la cripta, bajo el arco triunfal, entre los dos cimborrios principales, y se subirá al mismo por una amplia escalinata. En el altar se adorará al Divino Crucificado, de cuyo madero saldrá una parra simbolizando las palabras de Cristo: "Yo soy la vid, vosotros los sarmientos. Si estáis unidos a mí, produciréis frutos; si os separáis, os secaréis y seréis lanzados al fuego". La parra formará un dosel que será lampadario al mismo tiempo. Cincuenta lámparas penderán de él, recordando la frase del Salvador: "Yo soy la luz del mundo", al igual que en el primitivo altar de San Juan de Letrán.

»Encima del lampadario, según es de ritual, habrá un gran baldaquino. En la bóveda interna del cimborrio de la Virgen se representará el Padre Eterno, según la visión profética que dice: «La veste del Padre llena la bóveda del cielo». De su manto, extendido por toda la cúpula, saldrán figuras de querubines y debajo estará el lampadario representando al Espíritu Santo, que, situado entre el Padre, en la bóveda, y el Hijo, en el altar, completarán el símbolo trinitario evocado en el Credo.

»En cambio, otro lampadario en el cimborrio principal, dedicado a Jesucristo, representará la Jerusalén celeste.

»En la capilla interior alta de la fachada del Nacimiento se venerará la imagen de San José rodeado de ángeles portadores de los atributos de las virtudes y labores del Esposo de María.

»En la capilla frontera, en el crucero de la fachada de la Pasión, se venerará la imagen de María Inmaculada, asimismo con ángeles portadores de los atributos de la virginidad y el amor al hogar.

»En las capillas absidales se representarán los siete dolores y gozos de San José. Las cuatro columnas del cimborrio principal serán los cuatro Evangelistas; las que rodearán a éstas en los cruceros serán los doce Apóstoles. Las más próximas a las puertas del Nacimiento y de la Pasión se dedicarán a las diócesis catalanas, y las de la nave central, a las diócesis de España, América hispana y Filipinas. En lo alto ostentarán los escudos de los arzobispos que contribuyan a la obra.

»En mística visión, en las naves laterales las columnas se verán rodeadas de ángeles que descienden de la Gloria portadores de palmas y coronas, y otras con las almas santificadas ascendiendo hasta las bóvedas. Los santos fundadores de órdenes religiosas tendrán sus imágenes en hornacinas a diversas alturas. Los ventanales con vidrieras de colores formarán un todo armónico con la arquitectura. También habrá profusión de leyendas con textos del Evangelio o de las Epístolas que conforman las enseñanzas de la Iglesia.»

Cuando Gaudí terminó esta exposición, uno de los miembros de la Junta le preguntó por los aspectos constructivos y las dimensiones. Gaudí respondió:

«Venimos estudiando el sistema para perfeccionar los estilos bizantino y gótico. Del primero, eliminando macizos innecesarios, cosa que ya hizo el gótico, aunque empleando arbotantes a modo de muletas o armazón sustentante de las cargas fuera del edificio, a modo de un esqueleto fuera del cuerpo, lo cual es antinatural, a pesar de los embellecimientos que adornaron los arbotantes con imaginería y pináculos.

»Estudiamos la manera de imprimir esbeltez y permitir el paso de la luz, consiguiendo la ligereza por ausencia de macizos mediante el sistema de arcos parabólicos que conducen exactamente las cargas hacia los cimientos. Recogemos, en cambio, de aquellos estilos las enseñanzas iconográficas y simbólicas, la iconografía y la riqueza polícroma, que tomaron de la antigüedad clásica y enriquecieron con la magnificencia que ofrece la liturgia cristiana.

»En nuestro templo, las columnas serán de distintos materiales, según las cargas que sobre ellas insistan. Las mayores, que sostendrán el cimborrio principal, serán de bronce fundido aquí mismo en la obra. En el cimborrio de la Virgen serán de pórfido y de basalto, y de granito en las naves. En los paramentos tenemos pensado usar otros tipos de piedra. Exteriormente, la arenisca de Montjuïc, muy resistente, y que una vez adquiera pátina se conjugará armoniosamente con la policromía de las arquivoltas de las fachadas y terminales de los campanarios coloreadas con bronce y mosaico veneciano. En el interior, a excepción de los aristones y tracerías de los ventanales, utilizaremos piedra de Vilafranca, de más fácil labra. Cuando hayamos construido una parte del templo haremos una muestra de decoración escultórica para dar idea de la magnificencia que presentará el interior terminado. [Precisamente entre 1898 y 1900 hizo Gaudí la muestra escultórico-decorativa de la puerta del Rosario, en el claustro, en el lado norte de la fachada del Nacimiento.]

»Las grandes escaleras que arrancan de la cripta seguirán en altura hasta los triforios y galerías, y otras dos nacerán junto a las puertas laterales de la fachada principal para facilitar el acceso a lo alto. También se podrán usar las que hay dentro de cada torre campanario. La distribución de los espacios se regulará de tal modo que queden los destinados a los fieles y los coros en las cantorías. Encima del deambulatorio habrá lugar para un coro de setecientos niños, detrás del presbiterio. A lo largo de la nave lateral y en el triforio habrá lugar para mil cantores, que ocuparán la U formada por la fachada principal y las dos naves laterales. Se completará con la capilla de música de la iglesia, situada en tribunas sobre los cuatro órganos, a cuarenta y cinco metros de altura, entre las columnas que sostienen el cimborrio.

»El templo será muy luminoso, con bellas tamizaciones de la luz combinando la que descienda de los altos cimborrios con la de los ventanales acristalados. Todo ello iluminará la policromía interior. Para la cubierta, hemos pensado en la piedra, excluyendo la madera, con el fin de evitar su deterioro y el peligro de incendio. Igualmente serán de piedra los tornavoces de los campanarios.

»En cuanto a las dimensiones del templo, las daremos de modo aproximado, por estar aún en estudio. Así, el eje mayor desde la fachada de la Gloria al fondo del ábside tendrá 95 metros, y con el pórtico y vestíbulo, 115. Eje del crucero, 60 metros. Ancho de las cinco naves: 45 metros. Anchura de las naves del transepto: 30 metros. La nave central ha de tener 15 metros de luz y siete y medio cada una de las laterales. Las columnas principales, 20 metros, y la nave central ha de tener 45 metros de altura, las laterales, 30. El cimborrio interiormente ha de alcanzar los 80 metros y 75, el del ábside. Exteriormente, las torres han de tener 125 metros las de los Evangelistas; 85, las de las fachadas laterales y 100, las de la principal. El cimborrio mayor, 150 metros, y el de la Virgen, 130. [Estas medidas fueron cambiadas posteriormente por Gaudí y en el proyecto definitivo el cimborrio central ha de alcanzar 178 metros y 102 las torres de los campanarios.]

»Las solemnidades religiosas contarán, además de los grandes órganos, con grupos de campanas carillones que se instalarán en las torres. Contendrán un número extraordinario de campanas homogéneas, acordadas en octavas por tonos y semitonos, distribuidos en tres grupos. Uno de ellos, de campanas tubulares que sonarán por percusión. Otro, también de tubulares, por presión de aire, o sea, como trompetas o flauta de órgano. El tercer grupo será de campanas normales, sonando a percusión.

»En las grandes solemnidades que se celebren en el exterior, las campanas acompañarán a los cánticos y formarán un concierto al aire libre audible desde buena parte de la ciudad.

»Otro factor importante será la iluminación, envolviendo la mole del templo en una atmósfera de luz. La gran cruz de mosaico vítreo del cimborrio central, la estrella que rematará el de la Virgen, los remates de las torres campanario y los de los Evangelistas proyectarán haces luminosos hacia el suelo, como símbolo de la luz que emana del Evangelio. Desde otros puntos del templo, otros focos completarán la iluminación.

»Alrededor del templo, frente a cada fachada, se levantarán tederos. Los de la Natividad dedicados a San José; los de la Pasión, a Nuestra Señora, y, en la fachada principal, frente a la capilla de la Confesión, un tedero triple y de grandes dimensiones, cuya llama viva simbolizará la acción purificadora del fuego. Al otro lado, frente a la capilla del Bautismo, una fuente con la representación del Místico Cordero, de cuyo corazón manará un caño de cuatro altísimos surtidores, símbolo de los cuatro ríos del Paraíso Terrenal.

»En todos los espacios que han de quedar entre el ábside y los claustros, y a ambos lados de los claustros y entre éstos y las naves, iniciaremos la plantación de árboles y arbustos originarios de Palestina, que con su belleza y perfume formen el marco natural en el que se desarrolló la vida de la Sagrada Familia.

»Única y principal razón del templo es ser casa de Dios, y por lo mismo de oración y recogimiento. Sin embargo, el arte, vehículo de magnificencia que el hombre une a la expresión del sentimiento religioso, podrá encontrar también lugar en él y en su entorno, pues el templo ha de estar rodeado de amplios espacios libres que permitan una correcta visibilidad.»

Esta descripción de boca del propio Gaudí tiene gran importancia, puesto que todo el plan de la obra fue seguido fielmente por él y por los que le sucedieron. A lo largo de los años Gaudí perfeccionó el esquema, enriqueciéndolo con más pormenores, pero nunca se separó del esquema inicial en cuanto a su contenido unitario. En alguna ocasión pensó distribuciones distintas para las sacristías y el claustro, pero desde 1908, en que se publicó el croquis del conjunto dibujado por Rubió a las órdenes de Gaudí, quedó fijada la forma general del templo. Con ocasión de los preparativos de la Exposición de París de 1910 se hizo la maqueta de la fachada del Nacimiento, que policromó Jujol. La única diferencia entre aquella maqueta y la realidad consiste en la forma de los terminales, que en la maqueta se habían imaginado de bronce y finalmente se hicieron de mosaico de Murano.

La construcción se hacía a base de limosnas que *El Propagador de la Devoción de San José* iba divulgando cada quince días. Las cantidades no eran nunca muy crecidas y las obras avanzaban lentamente, hasta que una señora quiso hacer un donativo para la construcción de un altar dedicado a su santa patrona en la cripta. Gaudí, consultado por la Junta, dijo que los altares de la cripta estaban destinados a honrar a personas de la Sagrada Familia y que no creía oportuno dedicar las diez mil pesetas del donativo a otro santo. Al poco tiempo los albaceas testamentarios de dicha señora, que permaneció siempre en el anonimato, informaron que había dejado casi un millón de pesetas para las obras.

Con este dinero Gaudí se propuso realizar toda la parte baja de la fachada del Nacimiento hasta cubrir las tres arquivoltas de las puertas de la Fe, la Esperanza y la Caridad.

Para preparar la nueva fase de los trabajos, Gaudí urbanizó la placita situada frente a la fachada con bancos, palmeras y eucaliptos, continuando la plantación iniciada alrededor del ábside. Igualmente se hizo un profundo pozo que surtía de agua a los visitantes. Se ampliaron los talleres y se mejoró el estudio del arquitecto para poder situar holgadamente los planos y las maquetas. Se hizo la galería fotográfica en el chaflán de Provenza y Cerdeña, con cubierta practicable para permitir el libre paso de la luz natural. Al lado se hizo el depósito de modelos de vaciado. Cuenta Matamala que el sistema de organización del tajo bajo las órdenes de Gaudí era absolutamente personal y distinto de los métodos habituales. Funcionaba tan bien su sistema que incluso algunos encargados se contrataron de incógnito en la Sagrada Familia como simples peones para poder aprender los métodos del maestro. En estos momentos Gaudí tomó como simple aprendiz ayudante al que fuera luego famoso dibujante y caricaturista Ricardo Opisso Sala (1880-1966), que se encargaba de disponer las grandes hojas de papel canson para que Gaudí pudiera corregir los diseños arquitectónicos y decorativos. Opisso contaba una extraña anécdota. Una noche, el muchacho fue a un café-concierto y Gaudí se enteró de ello. Al día siguiente llamó al chico a su presencia con un enérgico: «¡Señorito Opisso, venga aquí!». Cuando le tuvo ante sí le ordenó que se arrodillara, y entonces, mirándole con su penetrante mirada azul, le espetó el siguiente y terrible imperativo: «¡Castifíquese!». Cuando en los últimos años de su vida Opisso contó la anécdota tenía ochenta años (sucedía esto en 1960), y cuando Gaudí le avergonzó, sólo dieciséis, es decir, en 1896. Con todo, al recordar el hecho le dolían nuevamente las rodillas como cuando se hincó ante Gaudí.

El arquitecto había empezado a estudiar las esculturas por el método fotográfico, retratando a personas del barrio en el taller de fotografía donde cuatro espejos situados en torno y encima del modelo permitían verle desde todos los ángulos. A veces se optaba por sacar moldes directamente sobre las personas, y Opisso, que lo sabía, cuando observaba que Gaudí le miraba con ojo de escultor procuraba desaparecer para no verse dentro de una coraza de yeso. La parte escultórica del nuevo ábside consistía principalmente en caracoles, lagartos o serpientes representando los vicios que huyen de la cruz deslizándose por los contrafuertes, así como formas vegetales en lo alto de los pi-

Dibujo del caricaturista y dibujante Ricardo Opisso Sala en el que se representa a Gaudí, a Eusebio Güell y al obispo Torras i Bages.

náculos, y los talleres de Gaudí estaban llenos de los modelos de yeso para tales representaciones. Cuando hubo de iniciar la fachada del Nacimiento, compuesta por innumerables figuras humanas, Gaudí montó el taller fotográfico y retrató allí a gran cantidad de personas de todas condiciones para que luego sirvieran de base a las figuras de santos o profetas.

Tenía seleccionadas fotografías de personas destinadas a las tres fachadas del templo, aunque sólo pudo llevar a la piedra las que colocó en la del Nacimiento.

Para buscar modelo de niños y de moribundos se puso en contacto con el doctor Pedro Santaló, al que conocía desde 1878, director que fue de la Casa de Maternidad y Expósitos de Les Corts de Sarrià y con médicos del hospital de la Santa

Esculturas de Jesús recién nacido, de la Virgen y del Patriarca San José, debidas al escultor Jaime Busquets. El conjunto está acertadamente encajado en la exuberante decoración floral que Gaudí diseñó para la fachada del Nacimiento.

Puerta del Rosario en el templo de la Sagrada Familia. ▶

Cruz, que le permitieron obtener modelos de niños, de personas agonizantes o de cadáveres.

La técnica de escultura mediante el vaciado de modelos humanos o animales fue estudiada muy a fondo por Gaudí, pero ha sido muy criticada incluso por personas tan devotas del arquitecto como su biógrafo J. F. Ràfols. La realidad es que Gaudí, en sus obras, realizó siempre nuevos ensayos, y el del vaciado fue uno de ellos, aunque no fuera un sistema exclusivo, pues en la fachada del Nacimiento hay esculturas de Matamala y de Carlos Mani al lado de las figuras previamente vaciadas.

La descripción del aspecto del templo a principios de siglo referida por Matamala es sumamente interesante y pintoresca.

Entre la obra de la Sagrada Familia y el convento de Dominicas de la calle Nápoles no había nada más que campos, en los que jugaban los chiquillos o se dedicaban a la caza de lagartijas. También era lugar de instrucción de la tropa y de ensayo de las bandas de cornetas y tambores. En cierta ocasión que Gaudí estaba en la casa de oficinas conversando con el obispo de Vic, doctor Torras i Bages, el sonido estridente de las trompetas les impedía entenderse, por lo que Gaudí mandó a Ricardo Opisso que pidiera al sargento que cesara el concierto. Poco después un oficial se presentó en el despacho a inquirir quién había dado la orden de suspender el ensayo. Dio la casualidad de que el oficial era don Plácido de Montoliu, hijo del marqués de Montoliu, conocido y amigo de Gaudí. Fue el inicio de una amigable conversación que dio lugar a Gaudí para sugerir que los cornetas podían ser utilizados como modelos de los ángeles trompeteros, como luego así se hizo.

Entre 1897 y 1901 se llevó a cabo la puerta del Rosario, en el claustro, que merece especial comentario ya que fue hecha por Gaudí con intención de mostrar a los componentes de la junta del templo el sistema decorativo que pensaba utilizar en el interior de la iglesia. Del aspecto exterior podían formarse una idea con las esculturas y los motivos decorativos que se estaban haciendo en la fachada del Nacimiento, que interiormente tenía sólo una exornación de tipo geométrico, casi puede decirse cubista.

Gaudí escogió para esta muestra la pequeña nave del iniciado claustro, debajo de la torre de San Matías, de la puerta del Nacimiento. La puerta que unía iglesia y claustro se hizo con sillería de Vilafranca, con grueso suficiente para poder esculpir los relieves decorativos. En este grueso de muros se labraron las distintas hornacinas en el tímpano y debajo de las arquivoltas. En el tímpano se colocó después la Virgen del Rosario, flanqueada por Santo Domingo y Santa Catalina. En la parte baja están, a un lado, los patriarcas Isaac y Jacob y, al otro, los reyes David y Salomón. En las ménsulas que sostienen las imágenes se simbolizó la protección de la Virgen a las almas, víctimas de la tentación maligna.

En las arquivoltas fueron labradas rosas de gran naturalismo y, junto a ellas, rayos de luz que irradian de la imagen junto a la que se lee la invocación «Sancta Maria mater Dei» alternando con pequeñas estrellas. La bóveda de este espacio está interiormente decorada y se remata con una linterna de columnas inclinadas y chapitel cónico que compone el remate de la «Turris Eburnea» del conjunto. En el muro, junto a la puerta, se representa la muerte del justo. Las ménsulas muestran la tentación de la mujer y la del obrero, al que el demonio entrega una bomba tipo Orsini.

Gaudí estimaba mucho estas dos esculturas, cuyos modelos de yeso fueron llevados a la exposición del Grand Palais en París en 1910. La puerta del Rosario sufrió graves daños en el incendio de 1936, siendo en 1953 el Gremio de Carpinteros de Barcelona el que se hizo cargo de la reconstrucción de la puerta de madera y, a partir de 1983, el escultor japonés Sotoo inició la reconstrucción de las imágenes de los patriarcas y los reyes.

Los originales los obtuvo Gaudí consultando su archivo fotográfico. De allí salieron los modelos para la Virgen, Santo Domingo y Santa Catalina. Una foto del albañil Ramón Maestre sirvió para el rey David. Gaudí le mandó llamar, puesto que estaba establecido en el barrio del Poblet, en el entorno del templo, y le vistió con las ropas adecuadas, haciéndole sostener en las manos la lira.

El rey Salomón fue un tal Artigas, que desde hacía tiempo se había ofrecido a Gaudí como modelo. Fue vestido adecuadamente y se le colocaron en las manos la tablilla y el estilete, primero para fotografiarle y luego para servir de modelo a los escultores. Para modelar el justo muerto se realizó un vaciado a un paciente del hospital de la Santa Cruz al poco de fallecer. Resulta que Gaudí había ido al hospital con Lorenzo Matamala para conseguir vaciados de algún cadáver; allí le dijeron que en aquellos momentos no había ninguno en depósito pero que un anciano se hallaba agonizando después de recibir la Extremaunción. Como quiera que no tenía parientes, Gaudí y Matamala permanecieron junto a él acompañándole en sus últimos momentos. Después obtuvieron autorización de los médicos para hacer el vaciado que sirvió para el relieve de la puerta del Rosario. Puede que las figuras sean solamente vaciados y que, por tanto, carezcan de inspiración artística, pero la composición general y los adornos decorativos forman un conjunto de gran belleza. Por ejemplo, la clave de bóveda formada por un vuelo de ángeles entre cuentas de Rosario, que de por sí es una pieza de excepcional belleza.

En el curso de una visita a la Sagrada Familia, el poeta Juan Maragall quedó impresionado por la escultura de la puerta del Rosario y así lo manifestó a Gaudí, que le refirió la historia del señor Artigas que se transformó en el rey Salomón. Maragall elogió la propiedad de la imagen y Gaudí le dijo que en aquella estatua se cumplía el dicho bíblico de los sencillos que entenderán. Una vez terminada la parte escultórica de piedra, y transcurridos unos meses, diseñó Gaudí la puerta de madera de melis de finas molduras y parte superior calada con cristales de suaves colores.

Cuando la Sagrada Familia fue convertida en parroquia, esta zona frente a la puerta del Rosario se destinó a capilla de las fuentes bautismales.

## El proyecto de la fachada de la Pasión

La terminación del portal del Rosario en el claustro fue un paso más en la realización del proyecto de conjunto de la Sagrada Familia. El propio Gaudí declaró en muchas ocasiones que el edificio sería obra de varias generaciones, y por tanto tenía que establecer las pautas para que se pudiera concluir de acuerdo con su idea, si así lo estimaban oportuno sus continuadores. En 1908 se publicó por primera vez el croquis de conjunto del templo terminado. En 1910 se dibujaron las plantas y se hizo la maqueta de la fachada del Nacimiento, que figuró en la exposición de París. Se tenía, por tanto, la idea general del volumen externo, los pormenores del exterior e interior de una de las fachadas y un ejemplo de decoración interna del templo.

En 1911 se dio otro paso al frente. A su regreso de la convalecencia en Puigcerdà, Gaudí siguió, a media máquina, su trabajo de director de las obras. El estudio tenía una disposición muy simple, sin ningún tipo de seriedad burocrática. Había un pupitre de doble tablero inclinado. A un lado trabajaba Gaudí, de pie, en tanto que Berenguer lo hacía sentado en un taburete al otro lado. Gaudí tenía además una rústica mesa de escritorio que servía también de mesa de comedor para sus frugales colaciones, al otro lado del estudio. En el otoño de 1911, Gaudí volvió a su estudio, según refiere un testigo presencial, el escultor Juan Matamala, entonces encargado de preparar las nóminas de los operarios en el despacho. Subió lentamente las escaleras de madera que conducían a su estudio, ordenó a un peón que encendiera la estufa, que por Ràfols se sabe que era de petróleo, con un cazo lleno de agua y hojas de los vecinos eucaliptos para perfumar el lugar y esconder el acre olor del petróleo y le dijo al guardián que le preparara su sencilla comida de mediodía. Entró en el despacho, que abarcó con una lenta mirada contemplando los tableros y los caballetes de tijera que contenían los planos, así como el cielo raso formado por los modelos de yeso de los animales del ábside.

En días sucesivos solamente dio cortos paseos por los alrededores del templo, sin llegar al centro de la ciudad. Únicamente acudió a visitar a su amigo el poeta Juan Maragall, que murió en diciembre de aquel año. Durante este tiempo, Berenguer acudía por las tardes a la oficina y allí discutió con Gaudí todo lo realizado en su ausencia.

Al poco, un buen día, el arquitecto ordenó a Juan Matamala que le preparara un papel vegetal fijado a la altura de su vista en el tabique de madera que separaba la sala de dibujo de la de visitas. Se puso acto seguido a dibujar a lápiz, separándose de vez en cuando para ver el efecto de unos ligeros toques del conjunto de la fachada de la Pasión, hechos a escala 1:100 con ayuda del doble decímetro. Al día siguiente pintó el dibujo a la aguada y luego con gouache perfiló y consiguió los efectos de sombras y claroscuros, suponiendo luz de crepúsculo que acentuaba el relieve. El proceso duró varios días, trabajando sin interrupción, con una gran seguridad que demostraba que el proyecto estaba muy maduro en su mente antes de iniciar el dibujo. Berenguer quedó maravillado, lo mismo que Domingo Sugrañes, que había ingresado como segundo ayudante hacía poco tiempo.

Gaudí trabajó solo, en absoluto silencio, como si estuviera poseído por la inspiración más determinante. Un primer croquis de 1892 fue la base del trabajo que en 1911 culminó con muchas variaciones. Este dibujo fue quemado en el incendio de 1936, pero se conserva una buena fotografía del mismo, pudiéndose apreciar no solamente la belleza del proyecto sino también la gran habilidad del maestro como dibujante. Este dibujo ha sido la base para la construcción de la actual fachada de la Pasión.

En 1917, poco después de fallecer su amigo el obispo de Vic, doctor Torras i Bages, completó el dibujo con un proyecto de monumento que debería situarse delante de la puerta central de la Pasión, aunque en el dibujo aparece a la derecha de la fachada.

Hay otra versión del dibujo, según testimonio de Juan Bergós, que fue testigo del proyecto del monumento, y lo describe así en su libro de 1953. En una visita al taller de Gaudí, éste había terminado de preparar el dibujo de la fachada de la Pasión con el monumento a Torras i Bages. Al entrar Bergós le dije: «¿Sabe usted lo que he hecho hoy? He actuado de planchadora», pues justamente entonces acababa de planchar en caliente el dibujo lavado al gouache que se había arrugado con la humedad.

Así pues, el plan de la Sagrada Familia quedó ultimado con la fachada del Nacimiento casi acabada. Gaudí alcanzó a ver terminado el campanario de San Bernabé, en enero de 1925, y la puerta del Rosario en el claustro, mostrando el estilo propio del interior del templo, por lo que a decoración se refería, la maqueta del conjunto hecha en yeso y compuesta en su totalidad. Había además una maqueta esquemática de la fachada principal o de la Gloria, de la que quedan fotografías.

Todos estos documentos de yeso, dibujos, planos y demás permiten la continuación de la obra siempre deseada por Gaudí, pero es fundamental tener en cuenta que el simbolismo del edificio quedó perfectamente plasmado por el maestro. De nuevo es Bergós quien transcribió las palabras de Gaudí. Una tarde encontró al arquitecto frente a su tablero inclinado del taller de la Sagrada Familia contemplando un plano y una libreta abierta al lado. Le dijo: «¿Ve usted?, en esa página está contenida toda la doctrina cristiana». Era un cuadro sinóptico que no llenaba toda la página, con enumeración de los conceptos fundamentales ingeniosamente combinados. Las tres personas de la Trinidad se correspondían con las tres virtudes teologales y los tres primeros mandamientos. Los siete sacramentos estaban relacionados con las siete peticiones del Padrenuestro, los siete días de la creación y los siete mandamientos de la ley mosaica referidos al prójimo. Los siete dones del Espíritu Santo y las siete virtudes capitales se hallaban confrontados con los siete vicios; las siete obras de misericordia espirituales, con las corporales. Las Bienaventuranzas se correspondían con una refundición de los frutos del Espíritu Santo y las verdades del Credo, jerarquizadas sinópticamente. De igual modo, en otras páginas había anotaciones de iconografía

Proyecto de la fachada de la Pasión (1911).

Maqueta de la estructura de la nave central de la Sagrada Familia. ▶ Los pilares se bifurcan en forma de ramas: es la geometría reglada de la naturaleza.

y simbolismo, correspondientes al Antiguo y Nuevo Testamento y una especie de diagramas de las diversas etapas del año litúrgico con una selección de escenas y textos que los caracterizan. Todo ello acompañado de indicaciones relativas a su representación plástica.

Bergós, que en su libro describe e ilustra este simbolismo encima de los croquis de la planta y los alzados del templo, considera estos apuntes gaudinianos como un funcionalismo espiritual de la Sagrada Familia, perfeccionamiento del concepto antiguo, pues la decoración y la ornamentación de la casa de Dios han de constituir un conjunto didáctico que sea digno embellecimiento del edificio al mismo tiempo que Biblia del pueblo.

En el exterior, Gaudí desplegó en su proyecto un grandioso cuadro plástico de la Redención y, en el interior,

Remates de los campanarios de la fachada del Nacimiento.

una visión de la Iglesia, esposa de Cristo, actualizando la obra redentora con su enseñanza y con la santificación sacramental.

Este libro termina con la exposición del plan de la Sagrada Familia, que se explica y describe incluso después del

Perspectiva interior de uno de los campanarios.

capítulo dedicado al accidente y muerte del arquitecto, porque la Sagrada Familia es la obra trascendente, la que no acaba con la muerte de su arquitecto.

La vida de Gaudí, como la de todo ser humano, es un cúmulo de aciertos y errores, de vicios y virtudes. De todo ello conviene extraer lo que puede ser de provecho para el arte y la arquitectura.

La singularidad de esta figura de la arquitectura hace que no sea posible estudiarla únicamente como un ejemplo dentro del momento que le tocó vivir.

La enseñanza arquitectónica de su obra se basa en el amor a Dios y a la naturaleza y en el empleo de una geométrica prácticamente inédita en la historia de la arquitectura. El mensaje de Gaudí, si se quiere emplear este vocablo un tanto desprestigiado, puesto que mensajeros son ahora los correveidiles motorizados de las grandes ciudades, queda fuera del tiempo y puede ser entendido y adoptado en cualquier momento histórico.

La arquitectura de Gaudí hubiese sido posible tanto en el siglo XIV como será útil en el futuro, porque no está sujeta a ninguna moda y no se nutre de las corrientes críticas, sino de principios, a la vez simples y trascendentes.

La aparente ingenuidad de los edificios de Gaudí es fruto de la casi inalcanzable difícil sencillez, son obras sumamente estudiadas y elaboradas, con dolor y sacrificio que las dignifican y revisten de su especial efecto sobre todos, no solamente sobre los supuestamente entendidos

Una frase de Gaudí define perfectamente el sentido de su arquitectura:

«El hombre se mueve en un mundo de dos dimensiones y los ángeles en otro tridimensional. A veces, después de muchos sacrificios, de dolor continuado y lacerante, el arquitecto alcanza a ver por unos segundos la tridimensionalidad angélica. La arquitectura que surge de esta inspiración produce frutos que sacian generaciones.»

La arquitectura gaudiniana no se inscribe en ningún ciclo histórico y no tiene otra localización geográfica que el mediterranismo que Gaudí consideró como condición indispensable para el arte.

A tres cuartos de siglo de su muerte, el interés mundial por la arquitectura gaudiniana es un fenómeno desbordante.

Su figura se ha universalizado y nadie, salvo escasas excepciones, niega el inmenso valor de su obra.

Es importante no desaprovechar este impulso y obtener de Gaudí los frutos de su enseñanza. No se trata de los homenajes a una figura universal, que son justos y debidos, pero no aportan nada desde el punto de vista de la proyección cara al mañana.

Esta generación, que se está saciando ahora con el delicioso fruto de la arquitectura gaudiniana, tiene la misión de penetrar su arcano para darle en el futuro su máxima proyección y utilidad.

Algunas de las obras de Gaudí han sido declaradas patrimonio mundial, monumentos de carácter internacional, máximo premio para un edificio.

Por otra parte, en la Sagrada Familia se sigue trabajando de acuerdo con el espíritu y la huella de Gaudí y el 31 de diciembre del año jubilar 2000 el cardenal arzobispo de Barcelona celebró la misa con motivo de la terminación de buena parte de las bóvedas de la nave central. En la Escuela de Arquitectura de Barcelona funciona una Cátedra Gaudí desde 1956 y en diversas naciones existen asociaciones de Amigos de Gaudí que estudian y divulgan sus enseñanzas.

Ningún otro arquitecto de los tiempos modernos ha conocido después de su muerte tanta fama y popularidad. Este libro trata de ser uno más de los homenajes tributados a Gaudí, partiendo del estudio minucioso de sus obras, tras varios decenios de investigaciones en los más diversos lugares y circunstancias.

Para Gaudí, la arquitectura fue una especie de religión a la que se consagró en cuerpo y alma, y la religión, la suya, la católica, una especial arquitectura donde equilibrio, fuerza y estética se conjugan armoniosamente.

El camino que siguió Gaudí fue muy difícil y arduo, pero si no se actúa como él actuó y no se posee, además, su capacidad de visión de la realidad, es imposible lograr el milagro de sus formas constructivas y de su explosiva decoración polícroma.

# CRONOLOGÍA

1852 25 de junio: Nace Antonio Gaudí Cornet, hijo de Francisco Gaudí Serra, calderero de Riudoms, y de Antonia Cornet Bertran, de Reus.
26 de junio: Bautizo de Antonio Plácido Guillermo Gaudí Cornet, en la iglesia prioral de San Pedro de Reus,

1863 Comienza los estudios de bachiller en las Escuelas Pías de Reus, situadas en el convento de San Francisco.

1867 Realiza varios dibujos para la revista manuscrita *El Arlequín.*

1869 Se traslada a Barcelona para estudiar en el Instituto de Enseñanza Media y en la Facultad de Ciencias, ambos en el convento del Carmen.

1870 Colabora con Eduardo Toda en un utópico proyecto de restauración del monasterio abandonado de Santa María de Poblet. Dibuja el escudo del abad Cuyàs.

1873 Inicia los estudios de arquitectura en la Escuela Provincial de Barcelona. Colabora (hasta 1878) con el maestro de obras José Fontserè en diversos proyectos para el parque de la Ciudadela de Barcelona y el mercado del Borne. Estudio de reloj inclinado declinante. Plano topográfico –realizado junto con otros alumnos– de un solar en el Ensanche, encargado por la Diputación.

1874 Se presenta al concurso de proyectos de panteón para Anselmo Clavé, pero se retira, al igual que los demás concursantes, para dejar el encargo a Luis Domènech y José Vilaseca.

1875 Torre de aguas para el depósito del parque de la Ciudadela y proyecto de puerta para un cementerio.

1876 Muere la madre de Gaudí. Trabaja como delineante para el arquitecto Francisco de P. del Villar y Lozano en el proyecto de camarín y ábside del Monasterio de Montserrat, así como para la Sociedad Padrós y Borrás de maquinaria y para el arquitecto municipal Leandro Serrallach Mas. Proyectos: Hospital General de Barcelona; pabellón español para la Exposición Internacional de Filadelfia; patio para la Diputación y proyecto de embarcadero.

1877 Se presenta a un concurso de proyectos de artes aplicadas a la industria convocado por el Ateneo barcelonés. No consiguió ningún premio. Proyectos: fuente para la plaza de Cataluña; Paraninfo.

1878 15 de marzo: Se le concede oficialmente el título de arquitecto. Dibuja y construye en los talleres de Eudaldo Puntí su mesa de trabajo. El alcalde de Barcelona le encarga las farolas para la iluminación pública de la ciudad. Entabla amistad con don Eusebio Güell. Diseña los muebles para la capilla panteón de los marqueses de Comillas. Proyectos y realizaciones: vitrina de hierro, cristal y madera para la tienda de guantes de Esteban Comella en la Exposición Universal de París; quiosco de servicios y venta de flores para don Enrique Girossi de Sanctis; Teatro de San Gervasio para don Pablo Miró (ya no existe). Viviendas pareadas para La Obrera Mataronesa (sólo se hicieron dos) y reja de entrada al recinto. Proyecto de captación de aguas de la riera de Caldas en Palau de Plegamans. Diseño de dos vidrieras para la capilla del Mas Pujadas de Vallgorguina (Vallès Occidental).

1879 Muere Rosita Gaudí Cornet de Egea, hermana de Gaudí y madre de Rosa Egea Gaudí. Dibujos para una cabalgata alegórica en homenaje al poeta del siglo XVII mosén Vicente García. Proyecto de decoración de la farmacia Gibert, en la plaza de Cataluña (hoy desaparecida). Obras de decoración en el convento de Jesús-María de Sant Andreu del Palomar.

1880 Proyecta el altar de la capilla del colegio de Jesús-María, así como unas farolas monumentales para el paseo de la Muralla del Mar de Barcelona (no realizadas).

1881 Este año Gaudí presenta un proyecto para el casino de San Sebastián, pero no fue premiado en el concurso. Fue miembro del comité que preparó la Exposición de Artes Industriales organizada por el Fomento del Trabajo Nacional en el palacio del marqués de Castellvell. Con este motivo publicó su único artículo periodístico, aparecido en el diario *La Renaixença*. Proyecta un quiosco para el parque del palacio de Sobrellano, en Comillas. Realiza el plano general de la fábrica La Obrera Mataronesa.

1882 Delinea el dibujo de Juan Martorell para la fachada nueva de la catedral de Barcelona.
Mayo: visita el monasterio de Poblet con un grupo de escritores y artistas de Cataluña, Valencia y Baleares. Durante la visita organiza un brillante espectáculo con antorchas y bengalas. Colabora con Juan Martorell en el proyecto de iglesia para el convento de benedictinos celestinos en Cuevas de Almanzora, Almería, que no se llevó a cabo, y en el de las iglesias de los jesuitas de la calle Caspe y de las salesas en el paseo de San Juan, de Barcelona. Proyecto de un pabellón de caza en Garraf para don Eusebio Güell (no realizado).

1883 Gaudí pasa una temporada en Alella, donde redacta el proyecto de capilla del Santísimo para la iglesia de San Félix, y diversos muebles para la Casa Vicens. Comienza el proyecto de la Casa Vicens (terminada en 1888) y de la villa El Capricho (terminada en 1885). Proyecto de báscula y portería para La Obrera Mataronesa.
3 de noviembre: Primera intervención de Gaudí (posiblemente el informe sobre las columnas de la cripta) en las obras del templo de la Sagrada Familia.

1884 28 de marzo: Gaudí firma el primer documento oficial como arquitecto titular de la Sagrada Familia. Finca Güell (hasta 1887).

1885 Marzo: Gaudí redacta el primer proyecto de la planta de la Sagrada Familia.
Se inician las obras del palacio episcopal de Astorga (León).
Decora la sala de blanqueo de La Obrera Mataronesa para una fiesta cívica.

1886 Firma el proyecto de la mansión de los Güell, en la calle Conde del Asalto, hoy Nou de la Rambla.

1888 Conoce al padre Enrique de Ossó Cervelló, fundador de la Congregación Teresiana, que le encarga la continuación del edificio de la calle Ganduxer. Realiza el pabellón de la Compañía Transatlántica en la sección marítima de la Exposición Universal de Barcelona. El alcalde de Barcelona le encarga el proyecto de reforma de la escalera del Salón de Ciento y de su decoración con motivo de la Exposición Universal de Barcelona.

1891 Lleva a cabo diversos viajes a León y a Astorga para dirigir las obras de la Casa Botines y del palacio episcopal. Viaja también a Málaga y Tánger con el marqués de Comillas para ver el terreno propuesto para la construcción de las Misiones Católicas de África.

1893 Muere el obispo de Astorga, Juan B. Grau Vallespinós. A consecuencia de ciertas diferencias de criterio con los canónigos, Gaudí renuncia a la dirección de las obras del palacio episcopal de Astorga. Terminación de la cripta y el ábside de la Sagrada Familia.

1895 Se inician las obras del claustro exterior de la Sagrada Familia. Comienza la construcción de las Bodegas Güell en Garraf, Sitges (terminadas en 1897).

1898 Se inicia la construcción de la Casa Calvet. Gaudí realiza el proyecto para la iglesia de la Colonia Güell, en Santa Coloma de Cervelló.

1900 El ayuntamiento de Barcelona concede el premio al mejor edificio del año a la Casa Calvet. Gaudí reforma la fachada de la casa del doctor Pedro Santaló, en la calle Conde del Asalto, hoy Nou de la Rambla, y empieza la decoración de una de las salas del café Torino, en el paseo de Gracia de Barcelona (terminada en 1902). Se inician las obras de la Casa Bellesguard (acabada en 1909) y del Parque Güell (finalizado en 1914), convertido desde 1922 en parque público municipal de Barcelona. Realiza el proyecto para el I Misterio de Gloria, en el Rosario Monumental del camino de la Santa Cueva de Montserrat.

1901 Decora la casa de la marquesa de Castelldosrius, en la calle de Mendizábal. Realiza la valla de cierre y la puerta de la finca de don Hermenegildo Miralles, en Sarrià.

1903 Hace frecuentes viajes a Mallorca para ver las obras de restauración litúrgica de la catedral que le habían sido encargadas. Traba gran amistad con el prelado don Pedro Campins Barceló. Proyecto de fachada para el Santuario de Misericordia de Reus, en colaboración con Rubió y Sugrañes (no realizado).

1904 Proyecto de la sala Mercè. Remodelación total de la casa de don José Batlló. Proyecto de un hotelito para el pintor Luis Graner Arrufí (sólo se hicieron los cimientos y la puerta del jardín). Chalet Catllaràs en la Pobla de Lillet y de los Jardines Artigas. Proyecto de taller de forja para los hermanos Badia (desaparecido).

1905 Gaudí adquiere la casa modelo del Parque Güell y se traslada a vivir allí con su padre y su sobrina.

1906 29 de octubre: Muere en la casa del Parque Güell Francisco Gaudí Serra, padre del arquitecto, a los noventa y tres años de edad. Colabora con Berenguer en la Casa Damián Mateu (ahora destruida). Proyecto de la Casa Milà (*La Pedrera*), acabada en 1910.
León Jaussely soluciona los espacios urbanizados en torno a la Sagrada Familia para ajustar las visuales al plan de enlace de Barcelona.

1907 Proyecto de monumento a Jaime I en la plaza del Rey con motivo del séptimo centenario de su nacimiento (no realizado).

1908 Anteproyecto de un gran hotel en Nueva York. Croquis de Gaudí y dibujos de Juan Matamala en el Museo de Arquitectura de la Real Cátedra Gaudí.
Por desacuerdo con la superiora de las teresianas no se realiza el proyecto de Gaudí de una capilla para el colegio de la calle Ganduxer. Realiza frecuentes visitas a la obra de la iglesia de la Colonia Güell.

1910 Proyecto del monumento a Jaime Balmes en Vic, con motivo del primer centenario de su nacimiento. Sólo se realizaron dos faroles conmemorativos, destruidos en 1924. El ayuntamiento de Barcelona declara la Casa Milà obra artística no sujeta a ordenanzas.
Gaudí pasa la primavera de este año en casa de la familia Rocafiguera, de Vic, a causa de su precaria salud. Se celebra en el Grand Palais de París una exposición de las obras de Gaudí, patrocinada por su amigo, don Eusebio Güell. Proyecto de cimborrio dedicado a Jesucristo en la Sagrada Familia.

1911 9 de junio: Enfermo de fiebres de Malta, Gaudí se traslada al hotel Europa de Puigcerdà. En esta fecha redactó su testamento creyéndose en trance de muerte. La Asociación de Arquitectos de Cataluña envió planos y fotografías de las obras de Gaudí expuestas el año anterior en París a la Exposición Nacional de Arquitectura de Madrid.

1912 11 de enero: Fallece Rosita Egea Gaudí, sobrina del arquitecto. Púlpitos para la iglesia parroquial de Santa María de Blanes (destruidos en 1936). Panteón de Pablo Nonell, en Lloret de Mar, al parecer según proyecto de Gaudí.

1915 Ensayo de campanas tubulares para la Sagrada Familia.

1918 Croquis del monumento a Enrique Prat de la Riba en Castellterçol (no realizado).

1922 Ofrecimiento de la capilla de los Ángeles de la Sagrada Familia para su edificación en Rancagua (Chile).
El Congreso de Arquitectos de España aprueba una moción de apoyo a Gaudí en su obra de la Sagrada Familia. Estudios para la capilla de la colonia obrera Calvet en Torrelló.

1925 Enero: Se termina el campanario de San Bernabé.

1926 7 de junio: Gaudí es atropellado por un tranvía.
10 de junio: Muere en el Hospital de la Santa Cruz.
12 de junio: Es enterrado en la capilla del Carmen de la cripta de la Sagrada Familia. Domingo Sugrañes Gras sucede a Gaudí como director de las obras de la Sagrada Familia.

1936 Incendio de la cripta y de las oficinas de la Sagrada Familia. Destrucción del archivo de Gaudí. Violación de las tumbas de los Bocabella y de Gaudí.

1939 Identificación del cadáver de Gaudí e inicio de la restauración de la cripta. F. de P. Quintana, nuevo director de las obras de la Sagrada Familia.

1945 Luis Bonet Garí e Isidro Puig Boada inician la reconstrucción de las maquetas del templo.

1952 Exposición homenaje a Gaudí en el centenario de su nacimiento. Fundación de los Amigos de Gaudí.

1954 Se inician los cimientos de la fachada de la Pasión.

1956 Creación de la Cátedra Gaudí en la Escuela Técnica Superior de Arquitectura de Barcelona. Exposición Gaudí en el salón del Tinell.

1997 Concesión de la Medalla de Oro a las Bellas Artes a la Cátedra Gaudí.

1998 Concesión del título de Real Cátedra Gaudí.

2000 Medalla de Oro de la Real Academia de Bellas Artes de San Jorge al director de la Real Cátedra Gaudí.
31 de diciembre: Inauguración de la nave mayor de la Sagrada Familia.

# TESTIMONIOS

**Francisco Pujols Morgades**
La violencia y la monstruosidad de visión y forma, características de las obras de Gaudí, nacen, pues, en las primeras, y la verdadera belleza sólo se despierta más adelante; pero la violencia y monstruosidad de visión y forma retroceden para dejar avanzar a la belleza que nunca se echa atrás, y avanzando por sus pasos contados, empieza pequeña como un caracol y crece hasta ser tan alta y fuerte como un gigante.
(*Gaudí,* 1914)

**José Francisco Ràfols Fontanals**
Gaudí visto fuera de la fe quedará siempre incomprensible. Será tal vez un aspecto de su obra lo que el incrédulo ame, pero no amará su síntesis.
(*Gaudí,* 1929)

**Juan Bergós Massó**
Gaudí es un vidente que se anticipa a los postulados de la arquitectura orgánica, actualmente en boga. Con treinta años de antelación, fijó sólidamente sus principios y, lo que es más importante, dejó realizaciones completamente logradas.
(*Gaudí, l'home i l'obra,* 1954)

**George R. Collins**
El poder de Antonio Gaudí como arquitecto reside en su prolífica capacidad de invención de formas. La variedad y expresividad de estas

formas, como si fueran esculturas, sería capaz de señalarle como un gran artista. Pero además hay que añadir la creación de nuevas estructuras, una realmente imaginativa capacidad de utilizar los materiales y un sentido innato de la decoración, tres atributos esenciales del constructor. Añádase a esto su facilidad en el manejo del espacio, el color y la luz y seremos incapaces de comprender cómo es que el mundo arquitectónico de hoy no se ha nutrido de sus relativamente pocas y casi olvidadas obras.
(*Antonio Gaudí. Masters of World Architecture,* 1960)

**Roberto Pane Cantalamessa**
Debe reconocerse que Gaudí no tiene sitio en el *Art Nouveau* ni en el expresionismo, a pesar de algunas superficiales analogías que refieren siempre a un artista con el lenguaje de su tiempo, ni tampoco con el *modernisme* catalán, que él mejor que nadie contribuyó a difundir. Su constante tendencia a realizar la síntesis entre las formas geométricas y las mecánicas confiere a su obra un acento de fatalidad y coherencia que basta para aislarlo de su propio ambiente.
(*Antoni Gaudí,* 1964)

**Juan Eduardo Cirlot**
El punto central del misterio de la personalidad de Gaudí reside precisamente en esta capacidad innata para descubrir, revelar, recrear un universo entero.
(*Gaudí. Introducción a su arquitectura,* 1966)

**Josep Pla**
Además de un gran constructor, Gaudí fue un gran artista, un nervioso de la belleza plástica, un permanente meditativo, ultrasensible de las formas y los colores de la vida. Así, vistió sus formas esenciales con la simbología de la liturgia católica –un mundo prodigioso, inmenso–, pero lo hizo siguiendo su raíz terrestre, convirtiendo las abstracciones simbólicas en símbolos realizados, es decir, reales, realistas, para no decir naturalistas.
(*Obra completa,* 1966)

**César Martinell Brunet**
Conviene considerar las grandes posibilidades que encierran los estudios de Gaudí, como complemento de su obra, tanto en el aspecto

estructural como en el decorativo de propiedades geométricas y expresión estética. Lo que no se construyó de la Sagrada Familia, que su autor dejó en modelos, juntamente con lo realizado, lo estimo de gran interés en las manifestaciones de arte moderno, con ventaja sobre las otras, de ser ésas, en general, buscadas con fines apriorísticos y ser la de Gaudí consecuencia espontánea de un impulso intuitivo en un proceso concienzudo sin preocupaciones de estilo.
(*Gaudí. Su vida, su teoría, su obra,* 1967)

**Salvador Dalí**
Gaudí tiene la voluntad de usar todos los medios de percepción del hombre. Utiliza los mosaicos para pasar del color a la iridiscencia, al deslumbramiento. El sonido de las campanas es una de sus grandes preocupaciones, llegó a viajar para escuchar sonidos, estudió la acústica; sus campanarios son realmente tubos de órgano. La fachada del Nacimiento es una obra maestra de decorativismo realizado con el auxilio de todas las resonancias armónicas. Frente a ella, Federico García Lorca me decía escuchar un griterío, un jaleo de gritos sonoros tan fuertes que resultan cada vez más estridentes a medida que la fachada se levanta hacia el cielo, hasta mezclarse con las trompetas de los ángeles en una algazara gloriosa que nunca pudo soportar durante mucho tiempo.
(Prólogo a *La vision artistique et religieuse de Gaudí,* de C. Prévost y R. Descharnes, 1969)

**Renato de Fusco**
Muchos detalles, elementos y significados presentes en las últimas obras de Gaudí pueden encontrarse en sus edificios anteriores, con los que se unen en perfecta continuidad. Así pues, si nos preguntamos –y es esto lo que aquí nos importa fundamentalmente– cuál fue la contribución del arquitecto catalán al *Art Nouveau,* debemos responder que fue, ante todo, su sentido de continuidad con la tradición, sin las desviaciones programáticas y voluntaristas que se registran en los otros maestros de la época; y su colaboración, contrariamente al lugar común de un Gaudí sin seguidores, a facilitar y alentar, en las áreas culturales periféricas, el paso del gusto decimonónico al nuevo estilo. Además de ello, desde un punto de vista morfológico, la aportación de su obra enriquece las fluencias lineales de un Horta y las estructuras volumétricas de un Mackintosh, y también

su sentido articulado y fluido de las masas: las obras del belga y del escocés pueden generarse (y representarse) todas mediante dibujos; las del catalán sólo con modelos en tres dimensiones. Y estas consideraciones caracterizan a todos sus elementos formales, desde los bancos del Parque Güell a los *bow-windows* de la Casa Batlló o a la entera volumetría de la Casa Milà.
(*Historia de la arquitectura contemporánea,* 1975)

**Isidro Puig Boada**
En la obra de Gaudí, principalmente en la última, está siempre presente el planteamiento geométrico, pero regido por la gran sensibilidad de la forma, triunfo de la luz, en un heroico y difícil proceso de adquisición.
(*El Templo de la Sagrada Familia,* 1982)

**Tokutoshi Torii**
El mundo inconsciente y el consciente del hombre confluyen al mismo tiempo, y cuanto más desarrollamos el mundo consciente, tanto más deberíamos reducir el inconsciente, y así podríamos llegar a un mundo propio. Este proceso se puede apreciar en una serie de obras de Gaudí; es su desarrollo arquitectónico un modelo que sigue un camino absolutamente sincero y creador.
(*El mundo enigmático de Gaudí,* 1983)

**Antonio Gala**
En la España contemporánea existe una figura hecha por un paisaje. Una figura que, partiendo de su paisaje, crea a su vez otro paisaje. Ahí reside su grandeza. Es, por supuesto, un hombre mediterráneo: en ningún otro sitio podía haber nacido. Acaso sin saberlo, consigue unificar dos posturas antagónicas. En el otro extremo de nuestro mar de cada día, en Grecia, dos dioses se repartieron las esenciales actitudes de los hombres: Febo –o Apolo– y Dionisos. Lo apolíneo es la línea recta, la compostura, la reflexión, lo consciente, el razonamiento, la serenidad; lo dionisíaco es la curva, el frenesí, la embriaguez, la intuición, el rito, lo inconsciente. Antonio Gaudí, de él se trata, por contradictorio, logró resolver esa contradicción. Lo que más sorprende de ese personaje, tan lleno de sorpresas, es que se encontrase a sí mismo y se volcase precisamente en la arquitectura. Su alma es un alma ancestral, telúrica, amasada de antigüedad

y magia, impregnada de secretas herencias. La arquitectura es, sin embargo, un arte minucioso, severo, reglamentado, colaborador e indirecto. Es decir, lo apolíneo contra lo dionisíaco. Y la dura partida queda en tablas: ninguno vence; los dos confraternizan en Gaudí: en su pasión domada a veces, a veces indomable, en su caluroso y abundante sentido de la belleza, en su fe sobrehumana, en su ejemplaridad.
(*Paisaje con figuras,* 1985)

# BIBLIOGRAFÍA

Para una buena información sobre Gaudí conviene consultar la biblioteca y archivo de la Cátedra Gaudí de Barcelona y la hemeroteca Enric Casanelles de la Casa Museo Gaudí del Parque Güell.


BASSEGODA, J.: *Gaudí*. Gent Nostra n.º 1. Barcelona, Ediciones de Nuevo Arte Thor, 1983.

—: *Gaudí. La arquitectura del futuro*. Barcelona, La Caixa–Salvat, 1984.

—: *La arquitectura de Gaudí*. Barcelona, Planeta, 1982.

—: *La Pedrera de Gaudí*. Barcelona, Editores Técnicos Asociados, 1980.

—: *Catálogo de la Exposición Gaudí*. Barcelona, Fundació Caixa de Pensions, 1984.

—: *El gran Gaudí*. Sabadell, Ed. Ausa, 1989.

—: *Aproximación a Gaudí*. Aranjuez, Ed. Doce Calles, 1994.

BASSEGODA, J., y GARRUT, J. M.: *Guía de Gaudí*. Barcelona, Elicien, 1970.

BASSEGODA NONELL, J.: *Antonio Gaudí. Master Architect*. New York, Abbeville Press, 2000.

BERGÓS, J.: *Gaudí, l'home i l'obra*. Universidad Politécnica de Barcelona, 1974 y 2001.

CANELA, M.: *La fantasía inacabable de Gaudí*. Barcelona, Arte, 1980.

CASANELLES, C.: *Nueva visión de Gaudí*. Barcelona, Polígrafa, 1965.

ELIAS, J.: *Gaudí. Assaig biogràfic*. Barcelona, El Circo, 1960.

FLORES, C.: *Gaudí, Jujol y el modernismo catalán*. Madrid, Aguilar, 1983.

HENSBERGEN, G. VAN: *Antoni Gaudí*, Plaza Janés, Barcelona, 2001.

LLARCH, J.: *Biografía mágica de Gaudí.* Barcelona, Plaza & Janés, 1982.

MARTINELL, C.: *Gaudí. Su vida, su teoría, su obra.* Col. Of. de Arquitectos de Cataluña y Baleares, 1967.

MATAMALA, J.: *Antonio Gaudí. Mi itinerario con el arquitecto.* Barcelona, Editorial Claret, 1999.

PERUCHO, J.: *Gaudí, una arquitectura de anticipación.* Barcelona, Polígrafa, 1967.

PLA, J.: *Homenots. I Serie.* Barcelona, Destino, 1969.

POBLET, J. M.: *Gaudí, l'home i el geni.* Barcelona, Bruguera, 1973.

PUIG BOADA, I.: *El pensament de Gaudí.* Barcelona, Col. Of. de Arquitectos de Cataluña y Baleares, 1981.

—: *El Temple de la Sagrada Família.* Barcelona, Ediciones de Nuevo Arte Thor, 1982.

—: *L'església de la Colònia Güell.* Barcelona, Lumen, 1976.

RÀFOLS, J. F.: *Gaudí.* Barcelona, Ed. Casona, 1929.

SOLA-MORALES, I.: *Gaudí.* Barcelona, Polígrafa, 1983.

TAPIÉ, M.: *La Pedrera.* Barcelona, Polígrafa, 1971.

TARRAGÓ, S.: *Gaudí.* Barcelona, Escudo de Oro, 1974.

TORII, T.: *El mundo enigmático de Gaudí.* Madrid, Instituto de España, 1983.